글
양미석

도쿄를 만나는 가장 멋진 방법

책방 탐사

남해의봄날 ✳

"'아무레테론(Amleteron, 아멜테론)'은
연애편지를 뜻하는 에스페란토어예요.
연애편지라고 하면 보통은 남녀사이의
달콤한 속삭임을 떠올리지만
더 넓은 의미로 봐 주셨으면 좋겠어요.
책은 저자가 독자에게 보내는 연애편지,
아무레테론에서 파는 물건 하나하나는
제가 손님에게 보내는 연애편지예요."

아무레테론 – 아마야 후미요

"일주일에 한 번이라도 꾸준히 찾아오는
손님들이 저희를 지탱해 주고 있어요.
하지만 그분들이 '와, 여기는 언제 와도
재밌는 곳이네'라고 생각하지 않아도
괜찮아요. 저희는 항상 새롭기보다는 그저
그분들의 일상에 스며들고 싶어요."

시부야 퍼블리싱 앤 북셀러즈 - 오니시 미나코

"손님과 함께 만들어 가는

책방이 되고 싶습니다.

전 타이틀이 '그릇'이라고 생각합니다.

그릇에 무엇이 담길지는

손님 한 분 한 분에게 달려 있죠.

우선 가장 큰 목표는

이 책방을 지속하는 것입니다."

책방 타이틀 – 쓰지야마 요시오

1. 서점명과 인명은 외래어 표기법을 따랐으며, 한국 독자들에게 익숙한 '츠타야 서점'과 단어 '카모메' 등은 가독성을 위해 관용적으로 표기했습니다.

2. 책 속에 등장하는 서점 정보는 2017년 4월 26일을 기준으로 정리했습니다.

총총 가벼운 발걸음으로
떠나는 책방 탐사

도쿄는 내게 고단한 도시였다. 다른 도시로 여행을 떠나려고 나선 이른 아침 강도를 만났고, 아르바이트 하던 곳에서는 월급을 떼였다. 몇몇 사람들은 내 서툰 일본어를 비웃기도 했다. 1년간 도쿄에서 생활하며 외로움을 버틸 수 있었던 건 동네 곳곳에 크고 작은 책방이 있었기 때문이다. 힘들고 서러울 때면 책방으로 향했다. 언제나 사람으로 북적이는 유린도 서점에는 매일 출근 도장을 찍다시피 했다. 하라주쿠의 인파를 피하고 싶을 땐 아오야마 북 센터로 숨어 들어갔고, 커피와 책을 함께 즐길 수 있는 롯폰기의 츠타야는 눈이 휘둥그레질 정도로 신기한 공간이었다. 자기 색깔이 분명한 작은 책방도 즐겨 찾았다. 카우북스 앞 벤치에 앉아 혼자만의 꽃놀이를 즐겼고 지금은 사라진 여행 책방 북 246을 다니며 여행자의 꿈을 키웠다. 모사쿠샤에선 한자만 가득한 책에 질겁해 도망치듯 나와 버리기도 했다. 워낙 숫기가 없던 나는 주인이 알은체라도 할까 봐 한군데 책방에 계속 가지 못하고 메뚜기처럼 여기저기를 옮겨 다니곤 했다. 피곤

하다는 생각은 들지 않았다. 매번 새로운 책방을 만날 수 있어 오히려 행복한 시간이었다.

도쿄를 떠나온 후에도 지난 10여 년간 서른 번이 넘게 도쿄의 책방을 찾았다. 23구를 벗어나 조후 시, 미타카 시, 하치오지 시 어디든 내 발 닿는 곳마다 책방이 있었다. 작은 책방에 들어가서 휘 둘러보고 구경만 하고 나오기 미안해 한 권, 두 권 사오는 바람에 한국으로 돌아갈 땐 항상 짐이 두 배로 늘어났다. 몇몇 책방지기와는 친구가 되었고 웃으며 옛 추억을 이야기했다. 좋아하는 책방이 하나둘 늘어 가는 동안 어느덧 내게 도쿄는 고단하지만은 않은 도시가 되었다.

최근 몇 년 사이 서울 골목골목에도 작은 책방들이 새로이 생겨났다. 그 반가운 공간들에서 추억이 서린 도쿄의 책방을 떠올렸다. 새로 생긴 도쿄의 작은 책방들도 궁금해졌다. 책과 책방, 출판사까지 책을 둘러싼 산업 모두가 어려움을 토로하는 요즘 같은 때, 힘들다면서도 꾸준히 자리를 지키는 오래된 서점들, 새로 생겨나는 작은 공간들이 더없이 반갑고 고마울 따름이다. 이들이 조금 더 힘을 내 자리를 지켜 주었으면, 그래서 내가 의지하고 위로 받던 추억의 공간에 계속 발걸음할 수 있으면 좋겠다는 바람은 너무 이기적인 욕심일까.

소리 없이 스러지는 책방들. 언제 문을 열었다가 언제 사라질지도 모르는 공간들을 그저 멀찍이 바라보고만 있는 것이 못내 아쉬워 한 걸음 더 들어가 보기로 했다. 그 안의 사람들을 만나 말을 걸고, 생각을 물으며 그들과 내게 책공간이 어떤 의미인지 되새겨 보고 싶었다. 그렇게 찾은 의미를 책방을 사랑하는 이들과 나눌 수 있다면 오늘도 고군분투하는 책방들에게 조금이나마 기운을 북돋아 줄 수 있지 않을까. 공간에 생명을 불어넣는 것은 다른 무엇보다 사람의 발걸음이다. 가벼운 발걸음으로 떠나온 책방 탐사가, 소중한 책공간을 지켜 나가는 한 사람 한 사람에게 오늘의 고단함을 씻기고 내일을 이어갈 응원이 되기를 꿈꾸며 오늘도 길을 나선다.

목차

프롤로그

총총 가벼운 발걸음으로 떠나는
책방 탐사
9

渋谷/原宿/表参道/青山

여행자의 쉼터, 책방

첫 번째 동네 **시부야**
16

① 사진 전공자가 만든 예술서 헌책방 **토토도**
② 출판사와 서점의 공존 **시부야 퍼블리싱 앤 북셀러스**

두 번째 동네 **하라주쿠/오모테산도/아오야마**
38

① 여행과 책과 커피의 만남 **료코니데루리유 by H.I.S.**
② 독립출판물의 성지 **유토레히토**
③ 창작자들이 사랑하는 곳 **아오야마 북센터**
④ 스위치 출판사의 북카페 **레이니 데이 북스토어 앤 카페**

中目黒/恵比寿/代官山/有楽町/丸の内/銀座

오감을 깨우는 책공간의 매력

세 번째 동네 **나카메구로/에비스/다이칸야마**
82

① 엄마와 아이 모두 행복한 책방 **뎃상**
② 한 번에 한 출판사의 책만 **포스트**
③ 5천 권의 사진집과 건강한 한끼 사진집식당 **메구타마**
츠타야 서점 이야기: 굳이 다이칸야마가 아니어도 좋습니다

네 번째 동네 **유라쿠초/마루노우치/긴자**
116

① 책으로 말하는 무인양품 **무지 북스**

新宿/池袋

빌딩숲 구석구석 개성 넘치는 책방들

다섯 번째 동네 **신주쿠**
130

① 표현의 자유를 존중하는 곳 **모사쿠샤**
② 일본 최고의 인포숍 **이레귤러 리듬 어사일럼**

여섯 번째 동네 **이케부쿠로**
146

① 서점의 새로운 모델을 제시하다 **덴로인 서점**
② 사람 냄새 나는 따뜻한 작은 책방 북 갤러리 **포포타무**
③ 책에 둘러싸여 보내는 하룻밤 **북 앤 베드 도쿄**

谷根千／神保町

도쿄를 지켜 온 책거리의 힘

일곱 번째 동네 야네센　　　　　　180
① 야네센 책방 탐사의 시작점 고서 호로
② 여성의 삶을 응원합니다 히루네코 북스
③ 조금은 엉뚱한 네즈의 사랑방 다나카 책방　214

여덟 번째 동네 진보초
① 진보초 속 작은 한국 책방 책거리
② 고양이 집사들의 천국 진보초 냔코도
　 책과 사람과 시간이 만나는 순간: 간다 헌책 축제와
　 진보초 북 페스티벌
　 도쿄를 더 깊게 즐기는 방법: 북 페스티벌

神楽坂／赤坂／下北沢

도쿄에서 만난 책방의 내일

아홉 번째 동네 가구라자카　　　　250
① 동네책방의 생존을 위한 연대 카모메 북스

열 번째 동네 아카사카　　　　　　262
① 백 명의 큐레이션이 모인 책방 후타고노라이온도

열한 번째 동네 시모키타자와　　　274
① 책과 술과 이벤트가 있는 매일 책방 비앤비

JR中央線／東急電鉄

골목 끝에서 발견한 책방의 민낯

열두 번째 동네 JR 주오 선　　　　288
① 세계의 다양한 그림책이 이곳에 에혼야루스반반스루카이샤
② 책방지기가 보내는 연애편지 아무레테론
③ 독자의 취향에 따라 책을 담는 곳 책방 타이틀
④ 여행자의 마음을 읽는 책방 여행책방 노마도

열세 번째 동네 도큐덴테쓰　　　　324
① 책과 사람의 이야기를 전하다 서니 보이 북스
② 독립출판물의 새로운 시도 890 by 마운트 진
③ 무라카미 하루키를 좋아한다면 스노우 쇼벨링

에필로그

책방 속 사람을 만나러 가는 길　　353

여행자의 쉼터,
책방

渋谷/
原宿/表参道

낯선 도시, 밀려드는 사람의 파도에 치여 지친 여행자에게 책방은 해리포터에 나오는 9와 4분의 3 승강장 같은 곳이다. 문을 열고 책방에 들어선 순간 바깥세상의 소음은 마법처럼 사라지고, 친숙하고 평온한 공기가 여행자를 환영한다. 처음 찾은 책방이어도, 일본어가 능숙하지 않아도 긴장을 내려놓고 쉴 수 있는 곳. 책방은 여행 도중에 잠시 지친 몸을 누여도 되는 쉼의 공간이다.

시부야/

하라주쿠/오모테산도/아오야마

青山

시부야
渋谷

시부야 역 하치코 출구 앞으로 뻗어 나가는 다섯 개의 횡단보도 중
어느 길을 선택해도 좋다. 그 길의 끝에는 반드시 책방이 있다. 큰길
쪽으로 중대형 서점의 간판이 눈에 띈다. 골목으로 들어가면 술집,
옷가게 등 '시부야스러운' 가게들 사이에 작은 책방이 동그맣게 놓였다.
누가 상상이나 했을까. 시부야를 30분만 돌아다녀도 열 곳이 넘는
서점들을 만날 수 있다는 사실을 말이다.

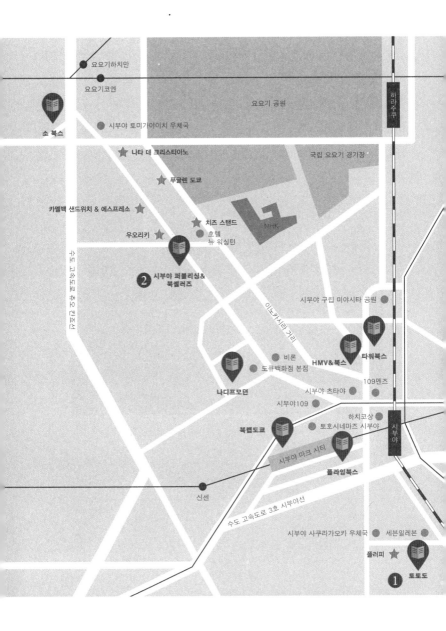

요요기하치만

요요기코엔

소 북스

시부야 토미가야이치 우체국

요요기 공원

하라주쿠

나타 데 크리스티아노

국립 요요기 경기장

푸글렌 도쿄

카멜백 샌드위치 & 에스프레소

치즈 스탠드

우오리키

호텔 뉴 워싱턴

NHK

시부야 퍼블리싱&
북셀러즈

수도 고속도로 중앙 칸조선

이노카시라 거리

시부야 구립 미야시타 공원

비론

타워북스

도큐백화점 본점

HMV&북스

109멘즈

나디프모던

시부야 츠타야

시부야109

하치코상

북랩도쿄

토호시네마즈 시부야

시부야

시부야 마크 시티

플라잉북스

신센

수도 고속도로 3호 시부야선

시부야 사쿠라가오카 우체국

세븐일레븐

플러피

토토도

사진 전공자가 만든 예술서 헌책방

토토도(Totodo)

주소	도쿄 도 시부야 구 우구이스다니초 5-7 제2빌라 아오야마 1층 (東京都渋谷区鶯谷町5-7第2ヴィラ青山1F)
전화번호	03-3770-7387
영업시간	12:00~20:00
정기휴일	일요일
찾아가는 길	JR 야마노테 선, 사이쿄 선, 쇼난신주쿠 라인, 게이오이노카시라 선, 도큐덴테쓰 도요코 선, 덴엔토시 선, 지하철 긴자 선, 한조몬 선, 후쿠토신 선 시부야 역 남쪽 출구에서 걸어서 10분
홈페이지	totodo.jp

작은 가게에는 주인의 성격이 그대로 드러난다. 오와다 씨는 어떤 질문도 바로 대답하는 법이 없었다. 1초, 2초, 3초, 4초, 5초. 그가 공들여 골랐을 음악에 잠시 정신이 팔렸을 때 대답이 돌아왔다. 아주 작은 목소리로.

"소란스러운 장소는 싫었습니다. 손님이 많이 오는 것만이 능사는 아니라고 생각해요. 우리 가게에 있는 책들을 좋아하는 사람이 찾아오길 원했거든요. 아, 물론 번화가에 비해 임대료가 저렴하기도 했고요."

시부야와 에비스, 그리고 다이칸야마의 중간쯤, 전철이 수시로 지나다니는 JR 야마노테 선의 선로에서 살짝 비켜난 한적한 곳에 '토토도'가 있다. 그나마 시부야 역이 제일 가까운데 남쪽 출구로 나와서도 한동안은 어리둥절할 수밖에 없다. 수십 대의 시내버스가 드나들고 횡단보도와 육교가 어지럽게 얽혀 있다. 시선은 멀리, 몇 개의 높은 건물을 이정표 삼고 걸음은 종종. 좁은 골목을 빠져나와 선로 옆까지 오면 안심이다. 로드바이크 한 대가 멋들어지게 서 있는 곳을 발견한다면 그곳이 토토도다. 세 번째 방문에서야 겨우 헤매지 않고 찾았다.

사진 전공자가 만든 헌책방

토토도에는 작은 전시 공간이 있는데 그다지 사용하지 않는다. 요새 많은 책방이 없던 전시 공간을 새로 만들어 내는 것과는 사뭇 다른 행보다. 그도 그럴 것이 서가 구성만으로도 마치 전시회에 온 듯한 느낌을 받는다. 아무리 헌책방이라지만 같은 책이 단 한 권도 없다. 게다가 글 위주의 헌책이 아니라 미술, 사진, 디자인, 건축 같은 이미지 중심의 헌책만 모여 있으니 눈이 즐거울 수밖에.

책방 주인 오와다 유키(大和田悠樹) 씨는 대학에서 사진을 전공했다. 졸업 후에 계속 사진으로 먹고살아보려 했으나 그것이 녹록하지 않은 일임을 깨닫고 진보초의 '겐키도 서점(源喜堂書店)'에서 아르바이트를 시작했다. 겐키도 서점은 예술서 전문의 고서점이다. 전시 도록부터 화집, 사진, 건축, 공예, 디자인 관련 책과 판화, 포스터까지 폭넓게 다루는 곳이다. 사진을 전공한 오와다 씨가 겐키도 서점에서 4년 반을 일한 후에 독립해서 토토도

를 차린 것은 어쩌면 자연스러운 흐름이었을지도 모른다. 일본에서는 헌책방을 운영하고 싶은 젊은이가 진보초의 유서 깊은 헌책방에서 경험을 쌓은 후에 독립해 자신의 책방을 여는 일이 흔하다고 한다.

책을 부르는 서가

오와다 씨는 대학과 겐키도 서점에서 갈고닦은 안목으로 한 권 한 권 책을 골라 토토도의 서가를 채웠다. 내용은 물론이거니와 장정의 형태와 손으로 만졌을 때의 느낌까지 하나하나 따져가며 들여온 매력적인 책들로.

"헌책방이니까 손님이 책을 팔러 오기도 하잖아요. 손님이 가져온 책이 그다지 마음에 들지 않을 때에는 어떻게 하세요?"

"서가에 책을 단 한 권만 놓아 둬도 비슷한 느낌의 책들이 저절로 모입니다."

우문에 현답이 아닐 수 없다. 역시 11년차 헌책방 주인다운 대답이었다. 토토도에 와서 이 가게의 온도를 느끼고 돌아간 손님이 '그래, 여기라면!'이라는 생각으로 책을 들고 온다. 지금은 내놓을 수밖에 없는 상황이지만 추억이 담겨 있는 책이었을 것이다. 토토도에 그 책의 운명을 맡기고 돌아간다. 오와다 씨는 자신이 골라서 들여온 책이든 손님이 갖고 온 책이든 한 권 한 권 정성 들여 사진을 찍어 홈페이지에 소개하고 원래 있는 책들과의 맥락을 생각해서 놓을 장소를 고민한다. 그렇게 토토도만의 분위기가 만들어졌다.

그가 골라준 책 한 권

토토도에 올 때마다 평대 위의 책이 조금씩 바뀌어 있고 계산대 너머에는 그의 '평가'를 기다리는 책들이 산더미처럼 쌓여 있었다. 계속해서 새로운 책들이 서가를 순환하고 있는데, 오와다 씨는 정말 이 많은 책들을 다 본 걸까? 반신반의하며 딱 한 권만 추천해 줄 수 있냐고 부탁했다. 오와다 씨는 언제나처럼 잠시 침묵했지만 고민하는 기색은 없었다. 성큼성큼 사진집이 꽂힌 서가로 걸어가 한 권을 뽑아 보여 줬다.

"도몬 켄(土門拳)이라는 사진가의 〈아이들 こどもたち〉입니다. 도몬 켄은 전후 일본을 대표하는 사진가 중 한 명이에요. 주로 사찰이나 불상 사진을 찍었는데 아이들의 자연스러운 모습을 담은 사진도 많이 찍었습니다. 전 도몬 켄의 아이들 사진을 참 좋아해요.

보고 있으면 마음이 따뜻해지거든요."

1976년에 나온 초판본은 표지가 조금 구겨진 것 말고는 별다른 흠집 없이 깨끗했다. 나보다 나이가 많은 책을 펴서 조심스럽게 넘겨 보았다. 피식피식 웃음이 나왔다. 1970년대의 아이들과 1980년대에 어린 시절을 보낸 나, 일본의 아이들이나 한국의 아이들이나 노는 모습은 크게 다르지 않았다. 바닥에 낙서를 하고, 나무나 담벼락에 매달리고, 흙먼지를 뒤집어쓰며 술래잡기를 하는 모습을 사진가는 아이들의 눈높이에서 바라보았다. 흑백 사진이지만 아이들이 새까맣게 탄 것은 알 수 있었다. 하루 종일 땡볕 아래를 뛰어다닌 건강한 모습. 대여섯 살 때의 내 모습과 똑 닮았다.

"어때요? 마음에 드나요?"

옅게 웃는 오와다 씨의 얼굴을 보니 내 대답이 굳이 필요한 것 같지 않았다.

지금 이대로, 현상 유지

자신이 골라준 책을 읽은 손님이 만족하는 모습에서 보람을 찾는 책방 주인도 있지만 오와다 씨는 다르다. 내 가게에서 내 마음대로 하고 싶은 일을 하는 것 자체가 좋단다. '앞으로 토토도가 어떤 책방이 되면 좋겠다'는 생각으로 이것저것 새로운 일을 벌일 마음은 없어 보였다.

"현상 유지로 만족해요."

지금처럼 적당히 손님이 있는 조용한 책방에서 꼼꼼하게 고른 책을 파는 미래의 오와다 씨를 상상해 보았다. 너무도 자연스럽게 그 모습이 떠올랐다. 아마 그때는 가게 앞에 날렵한 로드바이크가 아닌 투박한 도심형 자전거가 놓여 있을지도 모르겠지만 말이다.

시부야

출판사와 서점의 공존

시부야 퍼블리싱 앤 북셀러즈
(SHIBUYA PUBLISHING & BOOKSELLERS)

주소	도쿄도 시부야구 가미야마초 17-3 데라스카미야마 1층
	(東京都渋谷区神山町17-3テラス神山1F)
전화번호	03-5465-0588
영업시간	월~토 12:00~24:00/일 12:00~22:00
찾아가는길	JR 야마노테 선, 사이쿄 선, 쇼난신주쿠라인, 게이오이노카시라 선,
	도큐덴테쓰 도요코 선, 덴엔토시 선, 지하철 긴자 선, 한조몬 선, 후쿠토신 선
	시부야 역 하치코 출구에서 걸어서 15분
홈페이지	www.shibuyabooks.co.jp

"바로 먹을 거니까 봉투에 안 넣어 주셔도 돼요!"

'비론(Brasserie VIRON)'의 크루아상을 한입 크게 베어 물었다. 바삭, 수백 겹의 빵 결이 만들어 내는 맛있는 소리를 들으며 쏜살같이 걸음을 옮겼다. 언제 먹어도 변함없는 이 맛이 좋아 사람에 치이면서도 시부야를 다시 찾는다.

'시부야 퍼블리싱 앤 북셀러즈(이하 SPBS)'를 찾아가는 길. 차량 통행량이 확 줄어드는 일방통행 골목으로 들어서며 생각했다. '비론의 크루아상 말고 시부야에 와야 할 이유가 또 하나 생겼으면 좋겠다'고.

1년 365일, 하루 24시간 시부야에는 항상 사람이 넘쳐난다. 서울에서 나고 자랐기에 전 세계 어디를 가든 웬만한 인파에는 놀라지 않을 자신이 있었다. 시부야 역 앞의 '스크램블 교차점'에서 다섯 개의 횡단보도를 동시에 건너는 사람들을 보기 전까지는 말이다. 그 중 하나를 건너 굵직굵직한 상점을 지나치며 5분 정도 걸으면 1967년부터 시부야를 지켜온 도큐 백화점 본점이 나오고 맞은편에 비론이 있다. 비론의 크루아상에 한창 빠져 있을 때, 풀 방구리에 쥐 드나들 듯 시부야에 자주 왔었지만 단 한 번도 이 너머로 가 볼 생각은 하지 않았다. 번화한 도심 너머의 공간은 특별한 것 없는 그저 평범한 주택가로만 보였기 때문이다.

시부야 안쪽 깊숙한 동네의 책방

SPBS가 있는 가미야마초는 시부야라는 게 믿기지 않을 정도로 조용하다. 보통의 가정집과 생선가게, 쌀가게, 빵집 등 작은 상점이 오밀조밀 처마를 맞대고 있는 동네다. 1923년의 지진과 그 후 일어난 전쟁으로 삶의 터전을 잃은 사람들이 중심지에서 살짝 벗어났지만 땅의 여유가 있는 이곳에서 새 삶을 시작했다. 몇몇 상점은 그때부터 지금까지 영업을 계속해 왔다. SPBS가 가미야마 상점가에 자리를 잡은 때는 2008년. 이제는 어느덧 상점가의 중견이 되어 새로 생기는 가게와 노포를 잇는 다리 역할을 하고 있다. 눈이 돌아갈 정도로 빠르게 변하는 시부야 중심의 문화와 시간이 천천히 흘러가는 동네의 일상이 SPBS에서 절묘하게 교차한다.

SPBS를 찾아가는 길에 마주친 전봇대에서 샛노란 현수막이 팔락였다. 현수막 속 '시부야 안쪽 깊숙한 동네(奥渋)'라는 글자가 환영의 미소를 보냈다. 가미야마 상점회의 의뢰로 SPBS에서 디자인한 현수막이다.

개점 이전의 서점은 아직 어둡고 안쪽 사무실에만 불이 켜진 채환했다. 통유리 너머를 기웃기웃하는데 어느새 할머니 한 분이 나타나 거리낌 없이 자동문을 똑똑 두드렸다.

사무실에서 직원으로 보이는 사람이 허둥지둥 달려 나왔다.

"정말 죄송합니다만 개점은 12시부터입니다."

"친구 만나러 왔다가 좀 일찍 도착했는데, 이 동네에 이런 세련된 서점이 있는 줄 몰랐거든요. 신기해서 한번 둘러보고 싶었는데 어쩔 수 없네요."

"평일에는 자정까지 영업하니 나중에라도 꼭 들러 주세요. 다시 찾아와 주시길 기다리고 있겠습니다."

"저기, 저 미리 연락드렸던 사람인데요."

말을 걸 때를 가늠하다 인사를 건네니 직원이 바로 알은체를 하며 반갑게 맞이해 주었다.

"아, 혹시 한국에서 오신?"

빼꼼히 열린 유리문 사이로 오고 간 짧은 대화 끝에 한 사람은 유리문 안쪽으로 발을 들여놨고 한 사람은 발걸음을 돌릴 수밖에 없었다.

독서로 통하는 입구

SPBS의 홍보 담당인 오니시 미나코(大西美奈子) 씨가 잠깐 사무실로 들어간 사이, 손님이 없는 어두운 서가 사이를 걸어 보았다. 지금은 잠들어 있는 한 권 한 권이 읽는 이의 손에 들려 그 사람의 마음과 정신을 깨워줄 때, 책 역시 동시에 잠에서 깨어나는 것이 아닐까?

SPBS의 서가는 언뜻 보기에는 책의 배열이 뒤죽박죽인 것 같지만 자세히 보면 고심한 흔적이 엿보인다. 서가는 크게 논픽션, 문학, 엔터테인먼트, 예술·사진·패션, 디자인·건축, 라이프 스타일, 만화 등 일곱 개의 장르로 나뉘어 있다. 신간은 물론이거니와 헌책이나 해외 출판물까지 다양한 책을 들여온다. 책을 고를 때 가장 중요하게 생각하는 것은 '독서의 입구'가 되는 한 권을 고르는 일. 평소에 책을 읽지 않는 사람도 쉽게 술술 읽을 수 있는 한 권을 서가에 꽂고 그 주변은 같은 주제지만 깊이가 있는 책으로 채운다. 처음 고른 한 권을 시작으로 자연스럽게 더 깊은 독서로 이어지는 것이다.

아무리 동네 안쪽이라고 해도 사람이 모이는 시부야에 있기 때문일까. SPBS만의 독특한 서가가 하나 있다. 바로 도쿄에 관한 책만 모아 놓은 서가다. 그 동네에 관한 책만 모아 놓은 서가는 일본의 다른 도시에서 꽤 자주 봤지만 도쿄에서는 처음이다. 사진집, 여행안내서, 소설 등 도쿄에 관한 책이라면 무엇이든 모아 두었다. 영어로 된 책이 특히 많은 걸 보니 SPBS에서 이 서가를 왜 만들었는지 알 것 같다.

"요즘 외국인 손님이 부쩍 늘었어요."

개점 준비를 하며 밝아진 실내를 오니시 씨와 함께 다시 둘러보았다. 혼자 볼 때와 달리 하나하나 설명을 들으니 또 다른 모습이 보였다. 독립출판물이 아무런 위화감 없이 잡지, 만화 등과 함께 놓여 있었다. 서로 다른 성격의 책이 자연스럽게 어우러진 풍경에서 스태프의 노력이 고스란히 전해졌다.

그중에서도 분홍색 표지에 빵과 치즈, 와인 잔이 그려진 책이 눈에 띄었다. 방금 먹고 온 비론의 크루아상이 생각나 견본을 집어들었다. 제목은 〈프랑스에서 먹은 기록 フランスたべきろく〉. 프랑스 여행 중 먹은 음식을 그림으로 그리고 설명을 덧붙인 귀여운 책이다. 뒤표지를 보니 SPBS의 로고가 선명했다.

첫 번째 동네 - 시부야

만드는 사람의 얼굴이 보이는 공간

그렇다. '시부야 퍼블리싱 앤 북셀러즈'라는 이름에서 이미 밝히고 있듯 SPBS는 출판과 서점 운영을 함께 하는 회사다. 책 읽는 사람이 줄어들고 책을 파는 서점 역시 점점 사라져 가는 와중에 SPBS는 '장사의 원점으로 다시 한 번 돌아가 보자'는 기치를 내걸고 문을 열었다. SPBS가 있는 가미야마 상점가에는 만드는 사람이 곧 파는 사람인 옛날 그대로의 노포가 많다. 우동 면을 뽑는 사람이 그 우동을 팔고, 빵을 굽는 사람이 그 빵을 파는 그런 가게 말이다. 그리고 SPBS 역시 그들이 만든 책을 그들이 직접 팔고 있다.

"책을 만드는 사람의 얼굴, 일하는 사람의 얼굴이 보이면 손님들도 우리가 만든 책과 우리가 골라 판매하는 책을 더 믿어 주지 않을까요?"

"그래서 출판하는 공간과 판매하는 공간을 벽으로 가린 게 아니라 유리로 나눈 거군요."

매장과 사무실이 한 공간에 있는 구조는 종종 볼 수 있지만 보통 두 구역은 완벽하게 나뉘어 있다. 특히 매장에서는 사무실이 보이지 않게 만드는 게 보통인데 SPBS에서는 두 공간이 자연스럽게 함께한다.

따로 또 같이, 우리는 팀으로 일합니다

그때 사무실에서 아는 얼굴이 나왔다. SPBS에서 만화 서가를 담당하고 있는 가스카와 유키(粕川ゆき) 씨다. 그가 낯익은 까닭은 책방의 미래에 대해 여러 서점인들과 나눈 대화를 담은 책 〈앞으로의 책방〉에서 가스카와 씨가 운영하는 이카 문고(いか文庫)를 소개하고 있기 때문이다. 이카 문고는 독특한 운영 방식으로 많은 사람들의 주목을 받고 있다. 책방이라지만 매장이 없다. 그렇다고 온라인 서점인 것도 아니다. 이카 문고는 책 관련 이벤트가 있을 때 다른 공간의 매대를 빌려 반짝 문을 여는 책방이다. 가스카와 씨는 〈앞으로의 책방〉에 나온 서점인들 중 자신 혼자 여성이라는 사실을 깨닫고 여성 서점인의 이야기를 듣는 이벤트를 SPBS에서 마련했다. 책 출간 후 출연자 섭외부터 손님을 모으고 이벤트를 실행하기까지 두 달이 채 걸리지 않았다. 그것

이 바로 SPBS의 강점이라고 스태프들은 말했다.

"혼자 운영하는 작은 책방의 경우 결정권이 한 사람에게 있기 때문에 일의 기획부터 실행까지 빠른 속도로 진행되지만 여럿이 함께 일하는 경우에는 그러기가 쉽지 않잖아요. 서점인이지만 일단 직장인이기도 하고요. 그럼에도 불구하고 저희는 그 속도가 빠른 편이에요. 스태프 한 명 한 명에게 결정권이 있거든요. 자세히 보시면 아시겠지만 서가마다 각각 다른 이벤트를 진행하고 있어요. 그 서가 담당자가 혼자 진행하는 겁니다. 물론 큰 이벤트를 할 때는 팀으로 움직여요. 그것도 강점이죠. 혼자서는 절대 못할 엄청난 기획을 여럿이서 함께 성공시키니까요."

다시 시부야에 와야 할 이유

점심시간이 가까워지자 거리를 오가는 사람이 늘어났다. 대부분은 훌쩍 지나치지만 몇몇은 유리 너머를 쓱 한 번 쳐다보기도 했다. SPBS에서 걸어서 3분 거리에 NHK 방송국이 있다. 1973년 NHK가 생기고 나서부터 가미야마초는 조금씩 변하기 시작했다. 거리에 방송 관계자가 하나둘 눈에 띄었고 관련 업종의 회사가 근처에 생겨났다.

평일에는 손님의 3분의 2 정도가 동네 주민이거나 근처 직장인이라고 한다. 늦게 퇴근하는 방송 관계자들을 생각해 평일에는 자정까지 문을 활짝 열어 둔다.

"일주일에 한 번이라도 꾸준히 찾아오는 손님들이 저희를 지탱해 주고 있어요. 하지만 그분들이 '와, 여기는 언제 와도 재밌는 곳이네'라고 생각하지 않아도 괜찮아요. 저희는 항상 새롭기보다는 그저 그분들의 일상에 스며들고 싶어요."

누군가의 일상에 자연스럽게 스며들어 있는 장소라니. 얼마나 낭만적인 표현인가.

"하지만 우연히 들른 손님은 '우와 이렇게 재밌는 곳이 다 있다니!'라고 생각했으면 좋겠어요. 감탄하면서 내부를 둘러볼 수 있는 그런 서점이요."

개점 10분 전, 매장 앞에 입간판을 내놓는 스태프를 보면서 생각했다. 'SPBS에 들르기 위해 시부야에 다시 올 수밖에 없다'고.

어디에도 있지만 어디에도 없는
공기책방, 이카 문고

벌써 5년째 점포도 재고도 없이 매일 어딘가에서 문을 여는 이카 문고는 지금까지 없던 형태의 서점이다. 가스카와 씨가 술자리에서 장난처럼 툭 던진 이야기가 실현된 때가 2012년. 이카 문고는 매장이 있는 서점의 서가를 빌려 이벤트를 개최하고 있다. 서점뿐만이 아니라 잡화점, 카페 등 책이 필요한 장소라면 어디든 달려간다. 잡지 지면에 개점을 한 적도 있고 2014년 3월에는 달의 토지를 분양하는 회사 루나 엠버시에서 토지를 분양 받아 '달 지점'도 열었다. 에코백 등 자체 제작 상품도 만들고 무가지를 만들어 배포하기도 한다. 가스카와 씨와 아르바이트생 둘이서 알콩달콩 꾸려 나가는 이카 문고는 오늘도 어딘가에서 문을 열고 손님을 기다리고 있을 것이다.

홈페이지 www.ikabunko.com

걸어서 함께 찾아가기 좋은

시부야의
동네책방들

HMV 앤 북스(HMV & BOOKS)
각국의 전통 음악과 책이 만난 곳
- ⓐ 도쿄도 시부야구 진난 1-21-3
  시부야모디 5~7층
  (東京都渋谷区神南 1-21-3
  渋谷 modi 5~7F)
- ⓣ 03-5784-3270
- ⓞ 11:00~23:00
- ⓗ www.hmv.co.jp/select/
  hmvbooks

나디프 모던(NADiff modern)
분카무라 뮤지엄의 아트숍을
겸하고 있는 서점
- ⓐ 도쿄도 시부야구 도겐자카
  2-24-1 분카무라 지하1층
  (東京都渋谷区道玄坂 2-24-1
  Bunkamura B1F)
- ⓣ 03-3477-9134
- ⓞ 10:00~20:00(금, 토 21:00)
- ⓗ www.nadiff.com

북 랩 도쿄(BOOK LAB TOKYO)
IT 회사에서 운영하는 서점이자
코워킹 스페이스
- ⓐ 도쿄도 시부야구 도겐자카 2-10-7
  신타이소 빌딩 1호관 2층
  (渋谷道玄坂 2-10-7
  新大宗ビル 1号館 2F)
- ⓣ 03-6416-0840
- ⓞ 8:00~23:00
- ⓗ www.facebook.com/
  booklabtokyo

소 북스(So Books)
사진에 조예가 깊은 책방지기가 지키는
사진집 헌책방
- ⓐ 도쿄도 시부야구 우에하라 1-47-5
  (東京都渋谷区上原 1-47-5)
- ⓣ 03-6416-8299
- ⓞ 13:00~19:00
- ⓓ 일, 월
- ⓗ sobooks.jp (영어 제공)

타워 북스(TOWER BOOKS)
유명 음반사 타워 레코드에서
운영하는 서점
- ⓐ 도쿄도 시부야구 진난 1-22-14
  (東京都渋谷区神南 1-22-14)
- ⓣ 03-3496-3661
- ⓞ 10:00~23:00
- ⓗ tower.jp/books

플라잉 북스(Flying Books)
음악이 있는 헌책방
- ⓐ 도쿄도 시부야구 도겐자카 1-6-3
  시부야고서센터 2층
  (東京都渋谷区道玄坂 1-6-3
  渋谷古書センター 2F)
- ⓣ 03-3461-1254
- ⓞ 12:00~20:00
- ⓓ 일
- ⓗ www.flying-books.com

책방지기들의 비밀 아지트
시부야 편

"저희 서점을 나와서 요요기
공원 쪽으로 조금만 걸어가면
'푸글렌 도쿄'라는 카페가 나와요.
노르웨이에서 온 카페예요. 북유럽
빈티지 가구로 꾸민 실내에 앉아
커피를 마시면 정말 오슬로에 와
있는 기분이 들어요."

시부야 퍼블리싱 앤 북셀러즈의
오니시 미나코

푸글렌 도쿄(Fuglen Tokyo)
노르웨이에서 온 빈티지 카페 겸
칵테일 바
ⓐ 도쿄도 시부야구 도미가야 1-16-11
　(東京都渋谷区富ヶ谷1-16-11)
ⓣ 03-3481-0884
ⓞ 월, 화 8:00~22:00/
　수, 목 8:00~25:00/
　금 8:00~26:00/
　토 9:00~26:00/
　일 9:00~24:00
ⓗ www.fuglencoffee.com

나타 데 크리스티아노
(NATA de Cristiano)
에그타르트가 맛있는 빵집
ⓐ 도쿄도 시부야구 도미가야 1-14-16
　(東京都渋谷区富ヶ谷1-14-16)
ⓣ 03-6804-9723
ⓞ 10:00~19:30
ⓗ www.cristianos.jp/nata

시부야 치즈 스탠드(SHIBUYA CHEESE STAND)
직접 만든 치즈를 맛볼 수 있는 곳
ⓐ 도쿄도 시부야구 가미야마초 5-8
　1층(東京都渋谷区神山町5-8 1F)
ⓣ 03-6407-9806
ⓞ 11:00~23:00(일 11:00~20:00)
ⓓ 월
ⓗ www.cheese-stand.com

우오리키(魚力)
백년 역사의 가정식 생선요리 전문점
ⓐ 도쿄도 시부야구 가미야마초 40-4
　(東京都渋谷区神山町40-4)
ⓣ 03-3467-6709
ⓞ 11:00~14:00, 18:00(토 17:30)~
　21:00
ⓓ 일, 공휴일
ⓗ www.uoriki6709.com

카멜백 샌드위치 앤 에스프레소
(Camelback Sandwich & Espresso)
계란 샌드위치가 유명한 카페
ⓐ 도쿄도 시부야구 가미야마초 42-2
　(東京都渋谷区神山町42-2)
ⓣ 03-6407-0069
ⓞ 10:00~19:00
ⓓ 월
ⓗ www.camelback.tokyo

플러피(fluffy)
천연 효모를 사용하는 빵집
ⓐ 도쿄도 시부야구 우구이스다니초 4-15
　1층(東京都渋谷区鶯谷町4-15 1F)
ⓣ 03-3461-8655
ⓞ 11:00~19:00
ⓓ 월, 수, 일
ⓗ www.happyfluffy.net

ⓐ 주소 / ⓣ 전화 / ⓞ 영업시간
ⓓ 정기휴일 / ⓗ 홈페이지

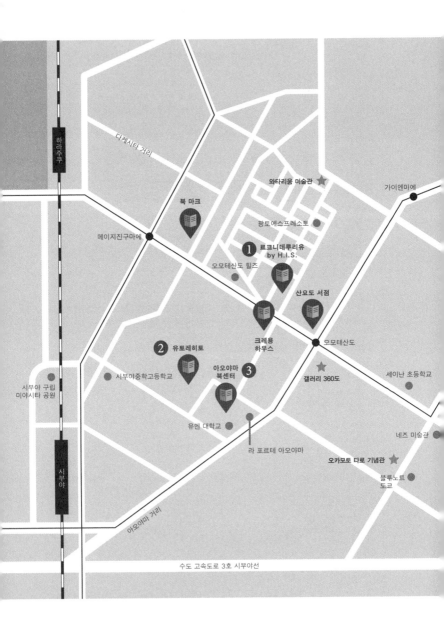

하라주쿠

다케시타 거리

와타리움 미술관 ⭐

가이엔마에 ●

북 마크 📖

팡토에스프레소토 ●

메이지진구마에

❶ 로코니데루리유
by H.I.S.

오모테산도 힐즈 ●

산요도 서점 📖

📖

크레용
하우스

오모테산도 ●

❷ 유토레히토 📖

시부야중학고등학교 ●

아오야마
북센터

❸

갤러리 360도 ⭐

세이난 초등학교 ●

시부야 구립
미야시타 공원 ●

📖

유엔 대학교 ●

라 포르테 아오야마

네즈 미술관 ●

오카모토 타로 기념관 ⭐

블루노트 ●
도쿄

시부야

아오야마 거리

수도 고속도로 3호 시부야선

하라주쿠
原宿

오모테산도
表参道

아오야마
青山

뷔이크

레이니데이
북스토어 앤 카페 ④

교사원
코쿠지

하라주쿠 역부터 오모테산도를 따라 아오야마까지
내려오다 보면 코스프레를 한 청소년부터 화려한
명품으로 온몸을 휘감은 중년층까지, 각양각색의
사람과 만날 수 있다. 그리고 그 거리를 따라 걷는
사람들의 모습만큼이나 다양한 개성 넘치는
책방들이 숨바꼭질하듯 여기저기 숨어 있다. 술래가
되어 꼭꼭 숨은 책방을 찾다 보면 어느새 꽉 찬
하루가 지나간다.

여행과 책과 커피의 만남

료코니데루리유 by H.I.S.
(旅にでる理由 by H.I.S.)

주소	도쿄도 시부야구 진구마에 4-3-3 바르비종 7번관
	(東京都渋谷区神宮前4-3-3バルビゾン7番館)
전화번호	03-5775-2471
영업시간	11:00~19:00
찾아가는길	지하철 지요다 선, 긴자 선, 한조몬 선 오모테산도 역 A2 출구에서 걸어서 2분
홈페이지	his-j.com/branch/omotesando

완벽하게 계획하지 않으면 떠나지 못하던 때가 있었다. 팍팍한 일상에서 벗어나려고 여행을 떠났는데 여행지에서조차 분초로 나눠진 일정에 얽매이곤 했던 때. 수십 번의 시행착오 끝에 계획대로 되는 여행은 없다는 사실과 낯선 곳에서 호기심과 두려움의 균형을 잡는 법을 깨달았다. 워낙 꼼꼼한 편이기에 계획 없이 떠나는 즉흥 여행은 성격에 맞지 않는다. 대신 적당히 융통성 있는 계획 아래 일어나는 우연을 즐기기로 했다. 그렇게 '여행을 떠나는 이유'라는 의미를 지닌 책방 '료코니데루리유 by H.I.S.'를 만났다.

그날은 점심도 제대로 먹지 못하고 낯선 거리를 돌아다녔다. 오후 3시를 넘기자 슬슬 기운이 빠지기 시작했다. 도쿄는 맛있는 빵집과 카페가 많기로 전 세계에서도 손꼽히는 도시. 이럴 때는 탄수화물과 카페인을 함께 즐길 수 있는 곳으로! 미리 알아본 '팡토에스프레소토(パンとエスプレッソと, 빵이랑 에스프레소랑)'라는 가게에 가려고 오모테산도의 골목을 헤집고 다녔다. 체력이 떨어지고 슬슬 짜증까지 밀려오려던 찰나에 가게 입구에서 커피 시음회를 하고 있는 카페를 발견했다. 다섯 시간의 공복 때문인지 달콤하게까지 느껴지는 커피 향기에 이끌려 나도 모르게 카페로 들어갔다.

여행과 책과 커피의 삼박자

막상 카페에 들어서니 직업병이랄까, 카페가 아닌 반 층 지하에 있는 책방이 먼저 눈에 들어왔다. 사실 1층도 음료를 만드는 공

간을 제외하면 평대와 책꽂이가 전부인 인테리어. 밖에서는 카페만 보이지만 안으로 한 발 내딛는 순간 온통 여행에 관한 것들뿐이다. 책방인지 카페인지 정체성이 모호해 보이는 이 가게의 정식 이름은 '여행과 책과 오모테산도'라는 뜻의 '다비토혼토코히토오모테산도(旅と本とコーヒーとOmotesando)'. 여행사 'H.I.S.'의 오모테산도 지점에 스페셜티 커피 전문점 '사루타히코 커피(猿田彦珈琲)'와 츠타야의 북큐레이션을 담당했던 북 디렉터 하바 요시타카(幅允孝)가 함께 완성한 공간이다. 책과 커피를 포함해 이 공간을 구성하는 모든 콘텐츠의 중심 주제는 어디까지나 '여행'이다. 여행에 관한 책이 모여 있고, 여행지의 맛에서 영감을 받아 기간 한정 음료를 만든다. 스타벅스와 츠타야의 협업 이후

로 카페와 책방이 어우러진 공간은 쉽게 볼 수 있지만 여행사가 주축이 되고 카페와 책방이 어우러지는 경우는 적어도 내가 알고 있는 한 처음이다.

카페라테를 사 들고 반지하의 책방으로 내려갔다. 하얀 벽에 지구 곳곳의 모습을 담은 여행 사진이 붙어 있었다. 전 세계의 다양한 풍경이 눈에 들어오자 마음은 이미 콩닥콩닥. 나를 가장 먼저 맞아준 것은 매달 새로운 주제의 책으로 진열하는 '이달의 여행과 책' 서가였다. 이번 달의 주제는 고양이. 몰타 섬의 고양이가 작열하는 지중해의 태양이 눈부신지 가늘게 눈을 뜬 채 말을 걸었다.

'어이어이, 길 좀 헤매면 어때! 덕분에 이렇게 재미난 장소에 오게 됐잖아?'

여행의 시작은 오모테산도에서부터

책방엔 테이블과 의자, 그리고 책뿐이지만 책 그 자체로도 훌륭한 인테리어가 됐다. 책의 종수와 권수는 많지 않으나, 호기심을 자극하는 책장을 만드는 것으로 유명한 북 디렉터 하바 요시타카가 엄선한 책들이다.

건물의 지하 1층과 지하 2층, 지상 2층에는 여행사 H.I.S.의 상담 창구가 있다. 커피 한 잔을 들고 책을 읽다가 그 나라가 더 궁금해지면 지체 없이 물어볼 수 있는 시스템이 완벽하게 구축되어 있다. 캐치프레이즈인 '여행의 시작은 오모테산도에서부터'에 딱 어울리는 구조다.

책방의 테마는 '여행을 좋아하는 사람의 방'이다. 벽에 걸린 여행 사진부터 아무렇지 않게 놓여 있는 여행 가방과 샌들, 비치타월 그리고 세계 각국에서 가져온 소품까지 여행자를 자극하지 않는 것이 없다. 그중에서도 대륙별, 주제별로 분류해 놓은 여행에 관한 책들이 그 어느 소품보다도 떠나고 싶은 마음에 부채질한다. 여행에 관한 책이라고 해서 안내서와 에세이만 있는 것은 아니다. 바다를 주제로 한 서가에는 요시모토 바나나가 타히티를 여행하고 와서 쓴 소설 〈무지개〉가, 하와이를 주제로 한 서가에는 하와이에서 결혼식을 올린 이들의 모습을 담은 사진집이 놓여 있다.

내 방에 있는 책도 이렇게 분류해 보면 얼마나 재밌을까! 내 방 서가의 책들을 기억 속에서 끄집어내 보았다. 〈나는 걷는다〉와 〈천 개의 찬란한 태양〉, 만화책 〈신부 이야기〉를 모아 두고 〈군주론〉이랑 〈마키아벨리 평전〉 옆에는 〈메디치 가 이야기〉와 〈체사레 보르자 혹은 우아한 냉혹〉을 두면 어떨까. 방에 있는 책들이 한 권씩 머릿속으로 선명하게 떠올랐다. 날개를 단 책이 각 대륙별, 나라별로 자리를 찾아가고 새롭게 책의 지도가 한 장 만들어졌다.

책으로 떠나는 세계 여행

사실 누구나 마음껏 여행을 할 수 있는 것은 아니다. 떠나고 싶다고 생각하지만 여러 사정으로 가지 못하는 사람이 더 많다. 나 역시 마찬가지였다. 6년 전, 여름에 유럽 여행을 떠나려고 비

행기 표부터 숙소까지 모든 준비를 다해 두었는데 하필 교통사고가 났다. 오른쪽 무릎 인대가 파열되어 제대로 걸을 수 없었기에 백만 원에 가까운 수수료를 내고 모든 일정을 취소한 날, 펑펑울며 온라인 서점에서 여행에 관한 책을 십수 권 사들였다. 깁스를 풀 때까지 책을 읽으며 떠나지 못한 아쉬움을 애써 달랬다. 하물며 이곳에는 고르고 고른 책이 모여 있으니 '책으로 떠나는 세계 여행'이 말장난만은 아니다.

책은 떠나지 못하는 이의 마음을 달래주기도 하고 떠날 여유는되는데 어디로 가야 할지 고민하는 이에게도 답을 준다. 테이블과 의자가 있으니 다양한 여행 책을 얼마든지 가져와 천천히 살펴볼 수 있다.

"세상에서 제일 가슴 두근거리는 여행지를 이곳에서 찾아냈으면 좋겠어요."

이것저것 묻는 내게 H.I.S. 오모테산도 지점의 총책임자인 오하시 아야나(大橋礼奈) 씨가 사근사근 설명해 주었다.

"일반 여행사 대리점은 실제로 여행을 준비하고 있는 사람이 아니면 마음 편하게 들어와서 둘러보기 좀 그렇잖아요. 카페와 책방이 같이 있으니까 예전보다 손님들이 더 편하게 들어오는 편이에요. 커피를 마시며 책을 읽는 일은 굉장히 일상적인 풍경이니까요."

나 역시 처음에는 카페인 줄 알고 들어왔다가 책을 뒤적이며 시간 가는 줄 몰랐기에 오하시 씨의 말에 고개를 끄덕였다.

여행 중에 여행 책방에 가야 하는 이유

파리에 관한 책만 골라 와 들춰 보던 모녀가 자연스럽게 H.I.S.의 브로슈어를 살펴봤다. 꼼꼼하게 살피고 비교하는 것 같지만 들뜬 표정은 숨길 수 없었다. 이들의 마음은 벌써 저 멀리 에펠탑 앞에 가 있겠지. 아시아 쪽 서가 앞에는 내 또래의 회사원이 '어떻게 하면 짧은 휴가를 알차게 보낼 수 있을까' 고민하는 표정으로 대만과 한국을 신중히 비교했다. '해외에서 결혼식을'이라는 주제의 서가 앞에 선 커플은 눈에서 꿀이 떨어질 듯 달달한 표정으로 서로를 바라봤다.

이미 여행 중인 나조차 그들의 표정을 보고 있자니 또 다른 여행 계획을 세우고 싶어 괜스레 '여자의 여행길' 서가를 뒤적였다. 그러다 발견한 만화책 〈여자 혼자 시베리아 철도 여행〉. 깜찍하게도 저자가 직접 감상평을 써놓았다. 그 책을 집어 들고 러시아 쪽 서가로 발걸음을 옮겼다. 어쩌면 내 표정도 아까 그들과 닮아 있을지도 모르겠다.

'도쿄는 막상 와 보니 서울이랑 별로 다를 것도 없네. 사람 많고 차 많고. 이럴 줄 알았으면 다른 곳이나 갈 걸……'

도쿄 여행이 지겨워져 이런 생각이 들 때, 아니면 일상이 지겨워 어디론가 떠나고 싶지만 현실적인 이유 때문에 떠날 수 없을 때 여행 책방에 가 보자. 일본어를 몰라도 상관없다. 정말 다행히도 여행에 관한 책에는 사진도 많으니까. 어쩌면 굳이 책을 펼칠 필요도 없을 것이다. 여행을 좋아하는, 그리고 계획하는 사람들이 만들어 내는 행복이 전해져 어느새 우울한 기분 따위 말끔히 사라져 버릴 테니까.

독립출판물의 성지
유토레히토(Utrecht)

주소	도쿄도 시부야구 진구마에 5-36-6 게리맨션 2층
	(東京都渋谷区神宮前5-36-6ケーリーマンション2C)
전화번호	03-6427-4041
영업시간	12:00~20:00
정기휴일	월(공휴일인 경우 영업, 다음날 휴무)
찾아가는길	지하철 지요다 선, 긴자 선, 한조몬 선 오모테산도 역 B2 출구에서 걸어서 10분
홈페이지	utrecht.jp

위트레흐트(Utrecht)는 유명한 토끼 캐릭터 '미피'의 아버지 딕 브루너(Dick Bruna)의 고향이다. 1년에 두 번 대규모 무역 박람회가 열리는 도시이기도 하다. 네덜란드의 수도 암스테르담에서 기차로 한 시간이면 갈 수 있다.

온라인 헌책방을 운영하고 있고, 통신 판매 카탈로그를 보는 게 취미인 한 남자. 유럽 출장길에 경유지로 머무른 암스테르담에서 우연히 벼룩시장에 들렀다. 그곳에서 내용은 읽을 수 없지만 장정이 아름다운 책에 푹 빠지고 말았다. 이걸 살까, 저걸 살까 고민하는 사이 어느덧 저녁이 되었고 시장은 슬슬 파장 분위기. 팔다 남은 물건을 그냥 놓고 가는 모습을 본 남자는 상인들에게 부탁했다.

"두고 갈 거면 저 주세요!"

그렇게 얻어 온 책들 중 몇 권에 똑같은 서명이 있었다. 알고 보니 딕 브루너가 장정한 책이었다. 다른 책들도 꽤 가치가 높은 책들이었고 자세한 설명과 함께 온라인 헌책방에 올렸더니 금세 팔려 나갔다.

'아, 책을 이런 식으로도 판매할 수 있구나. 유명하지 않은 책이라도 제대로 그 가치를 조사해서 알려 주면 되는구나!'

딕 부르너의 서명 덕분에 탄생한 책방, 그래서 책방 이름도 '유토레히토(위트레흐트의 일본식 발음)'로 정했다.

조금 헤매도 괜찮아

최근 몇 년간 자주 찾은 유럽의 나라들은 도로명주소를 썼다.

좁은 골목에도 이름이 있어 길 찾기가 참 편했다. 동서남북도 제대로 모르던 내가 유럽 여행 때는 종이 지도 한 장만으로도 척척 목적지를 찾아갔다. 일본은 곧게 뻗은 길보다 구불구불한 길이 더 많기 때문인지 지번주소를 쓴다. 우리나라도 얼마 전까지 지번주소를 사용했다. 아직도 한국에서는 지번주소가 훨씬 익숙한데 일본의 지번주소는 왜 이리 복잡하게 느껴지는지. 그리고 좋은 책방들은 왜 골목골목 꼭꼭 숨어 있는지.

도쿄 구석구석을 돌아다니면서 이제는 지번주소에 익숙해졌다고 생각했는데 자만이었다. 두 번째 방문이었는데도 한참이나 지도를 보고서야 겨우 찾을 수 있었다.

"아까 골목에서 길 찾고 계셨죠?"

겨우겨우 도착한 유토레히토에서 숨을 헐떡이고 땀을 닦고 있으니 스태프 구로키 아키라(黒木晃) 씨가 서둘러 에어컨을 켜 주었다. 길에서 헤매고 있는 모습을 본 모양이다. 창가에 앉아 잠시 숨을 골랐다. 맨션 2층에 있어 찾기 힘들다는 단점이 있지만 커다란 유리창으로 들어오는 햇살은 기분 좋았다.

독립출판물로 가득찬 서가는 지난번에 왔을 때와는 또 다른 얼굴을 보여 주었다. 일부러 찾아왔지만 우연히 찾아 들어온 척 했던 첫 번째 방문. 일본 책방에 우리나라 작가의 독립출판물이 꽤 많아 깜짝 놀랐더랬다. 계산대에 앉아 있는 스태프에게 넌지시 물어보았다.

"해외의 독립출판물도 다루시네요? 책을 입고하려면 어떻게 하면 되나요?"

"책을 우편으로 보내 주셔도 되고 PDF 파일로 보내 주셔도 됩니다. 여기 명함에 이메일 주소가 있어요."

이번에는 엄유정 작가의 책 〈나의 드로잉 아이슬란드〉가 눈에 띄었다. 내가 방문하기 얼마 전까지 책방과 붙어 있는 전시 공간 '나우 아이디어(NOWIDeA)'에서 원화 전시를 했다고 한다.

유토레히토는 2002년 7월에 온라인 헌책방으로 시작해서 같은 해 11월 다이칸야마에 매장을 마련했다. 그 후 나카메구로와 오모테산도를 거쳐 2014년에 지금의 자리로 왔다. 처음에는 평범한 온라인 헌책방이었지만 시간이 흐르고 장소가 바뀌며 유토레히토는 저만의 뚜렷한 개성과 방향을 가진 공간이 되었다. 재미난 것을 찾아내 그 가치를 사람들에게 알리다 보니 서가는 어느덧 개성 있는 독립출판물로 가득찼다.

"원래는 독립출판물을 주로 다루려던 생각은 없었어요. 큰 서점에 없는 것, 다른 곳에서는 찾기 힘든 것 중에서 저희가 재미있다고 생각하는 걸 갖고 오다 보니 어느새 이렇게 됐더라고요. 사실 여기까지 찾아오는 게 쉬운 일은 아니니까요. 일부러 찾아왔는데 다른 데랑 똑같으면 찾아온 의미가 없잖아요. 그래서 나우 아이디어의 전시도 2주에 한 번씩 교체해요."

구로키 씨를 포함한 세 명의 스태프는 입고할 책을 신중하게 결정한다. 그저 재미있고 개성이 강하기만 해서는 안 된다. 서가에 놓았을 때, 다른 책들과 하나의 흐름으로 느슨하게 연결되는 책이어야 한다. 그래서일까. 이 공간은 묘하게 침착하다. 책들이 아우성치지 않고, 손님이 있든 없든 잔잔하다.

세 명이 하고 있는 세 명 이상의 일

유토레히토의 스태프는 책방을 운영하는 일뿐만 아니라 책과 관련된 다양한 일을 한다. 새로 생기는 책방을 비롯하여 책이 있는 공간을 기획하고 책을 만들고 각종 매체에 기고를 하거나 사보 등의 편집도 한다. 일의 크고 작음을 어떻게 따질 수 있겠냐마는 그중 가장 규모가 큰 일은 '도쿄 아트 북 페어(THE TOKYO ART BOOK FAIR)'의 개최다. 2009년에 시작한 도쿄 아트 북 페어는 전 세계에서 3백여 팀이 참가하며 아시아에서 가장 큰 아트 북 페어로 자리를 잡았다. 2016년부터는 독일의 출판사 슈타이들과 제휴하여 '슈타이들 북 어워드 재팬(Steidl Book Award Japan)'을 뽑고 있다. 뽑힌 작품은 슈타이들 출판사에서 정식 출판하고 전 세계에서 판매한다. 물론 많은 사람의 도움을 받아서 치르는 행사지만 세 명이서 이 정도까지 일을 벌일 수 있다는 사실이 놀라울 뿐이다. 게다가 세 명은 각자 사진 잡지를 만들거나 새(鳥)

에 관련된 단체에서 일하거나 과자를 구워서 팔기도 한다. 이 정도쯤 되면 규모를 더 키울 법도 하건만 아직 그럴 생각은 없단다.

"크다고 무조건 좋은 건 아닌 것 같아요. 저희는 무리하지 않으려고 합니다. 우리들이 할 수 있는 범위에서 잘해 보자고 생각하면서 일하고 있어요. 그래서 우리가 고를 수 있는 것 중에서도 제일 좋은 것을 고르고 있고요. 손님들이 '아, 이렇게 작은 공간에도 좋은 게 있구나'라고 생각하면 좋겠어요."

바다를 건너 소통하는 책과 책방

유토레히토에 오는 손님 대부분이 아마도 같은 생각을 하지 않을까. 서가 사진을 찍는 데 이리도 시간이 오래 걸리기는 처음이라고 말이다. 사진을 찍다 말고 책을 들춰 보고 또 사진을 찍고 또 들춰 보게 된다. 서가에는 일본어, 한국어뿐만 아니라 영어, 독일어, 이탈리아어, 중국어 그리고 어느 나라 언어로 쓰인 건지 모를 책도 보였다. 구로키 씨와 여러 나라의 책에 대해 이야기하다 보니 대화는 어느새 한국 이야기로 번졌다.

"해외에서 입고 문의가 점점 늘어나고 있어요. 작년에는 서울에서 열린 '언리미티드 에디션(UNLIMITED EDITION)'에 도쿄 아트 북 페어의 이름으로 다녀왔는데 열기가 대단해서 깜짝 놀랐어요!"

"저도 갔어요! 그런데 두 시간 넘게 기다려야 입장 가능하다고 해서 관뒀는데……. 그날 비가 엄청 왔잖아요."

초겨울 같지 않게 비가 주룩주룩 내리던 날이었다. 개최 장소인 일민미술관 주위를 긴 행렬이 둘러싸고 있었다. 기다리기를 포기하고 돌아서는 그 순간에도 줄은 계속 길어졌다. 평소에 작은 책방을 돌아다니면서도 독립출판에 대한 관심이 그 정도로 뜨거운 줄은 전혀 몰랐다.

"일본어는 얼마나 공부하셨어요? 전 요새 한국어 공부하고 싶다는 생각이 들더라고요."

그 순간 한류가 뭐 별거인가 하는 생각이 들었다. 굳이 몇 억 원씩 투자하지 않아도 좋다. 이렇게 천천히 차곡차곡 나아가는 것도 좋지 않을까?

예상보다 훨씬 더 긴 시간을 머물렀다. 수첩과 펜을 집어넣고 나서 나눈 이야기가 훨씬 더 기억에 남았다. 9월에 있을 도쿄 아트 북 페어에서, 11월에 있을 언리미티드 에디션에서 다시 만나기로 약속했다. 책이, 책방이 그렇게 바다를 건너며 인연을 만들어 준다.

위트레흐트는 일찍부터 상업이 발달한 도시였다. 위트레흐트를 통해 많은 사람과 많은 물건이 오갔다고 한다. 이름을 잘 지은 덕분일까? 유토레히토에는 오늘도 전 세계에서 책이 모이고 사람이 모인다.

두 번째 동네 - 하라주쿠/오모테산도/아오야마

창작자들이 사랑하는 곳

아오야마 북 센터
(AOYAMA BOOK CENTER)

© AOYAMA BOOK CENTER

주소	도쿄도 시부야구 진구마에 5-53-67 고스모스아오야마가든플로어 지하2층 (東京都渋谷区神宮前5-53-67コスモス青山ガーデンフロアB2F)
전화번호	03-5485-5511
영업시간	10:00~22:00
찾아가는길	지하철 지요다 선, 긴자선, 한조몬 선 오모테산도 역 B2 출구에서 걸어서 7분
홈페이지	www.aoyamabc.jp

1996년 지하철 3호선 일산선이 개통했다. 호호 입김이 올라오는 추운 겨울날이었다. 혼자서 처음으로 지하철을 탔던 그날 이후로 내 행동반경은 종로3가역까지 넓어졌다. 시네코아에서 영화를 봤고 종로서적에서 책을 샀다. 막 중학교를 졸업하고 어른인 척 하고 싶었던 시절, 그 모든 일을 혼자서 해냈다는 사실이 뿌듯했다. 지금 생각하면 너무 쉽고 소소한 일들이지만 어린 내가 혼자 영화를 보고 혼자 큰 서점에서 책을 고르기까지 엄청난 용기가 필요했다. 그 공간들과 함께 나이를 먹어 가는 것이나 마찬가지였는데 2002년 어느 날 종로서적이 없어졌다. 2006년 어느 날 시네코아가 사라졌다. 광화문 교보문고는 대대적인 리뉴얼로 옛 모습을 찾아볼 수 없다. 혼자만의 추억, 아끼는 사람들과 함께 나눈 추억이 역사 속으로 사라졌다.

구체적인 수치를 찾아보지 않아도 알 수 있다. 추억이 서려 있는 장소가 하나둘 사라져 간다는 사실을. 그 장소가 영화관이든 음식점이든 책방이든 말이다. 이제 집에서 걸어서 갈 수 있는 거리엔 책방이 단 하나도 남아 있지 않다. 그러던 중 2008년 '아오야마 북 센터'가 또다시 어려움에 처했다는 뉴스를 멀리서 접하고는 가슴이 철렁 내려앉았다.

'이렇게 추억의 장소가 또 하나 사라지고 마는 걸까?'

나의 작은 오아시스

일 때문이 아니라 여행으로 다시 찾은 도쿄. 하라주쿠 역에서 내려 오모테산도를 쭉 따라 내려오는데 길 양 옆으로 즐비한 화려한 매장은 눈에 들어오지도 않았다. 오로지 아오야마 북 센터의 안위만이 걱정됐다. 아뿔싸, 가는 날이 장날이라고 아오야마 북 센터 본점은 리뉴얼 공사 중이었다. 하필 열흘간의 공사 일정과 겹치고 말다니. 아쉬웠지만 한편으로는 안도했다. 여전히 그 자리에 남아 있어 주어서.

혼자서 모든 일을 감당해야 했던 첫 일본 생활 동안 책방과 도서관은 내가 유일하게 마음을 놓을 수 있는 공간이었다. 하라주쿠의 번잡함을 벗어나 '책(本)'이라고 쓰인 깃발에 이끌려 들어간 곳에 아오야마 북 센터가 있었다. 그렇게 멋진 서점을 그때까진 알지 못했다. 일본어를 잘 몰랐지만 대형서점과는 확연하게 다른 서가 구성이 눈에 들어왔다. 영어로 된 책이 유난히 많았고

디자인, 사진, 건축 책도 많았다. 무엇보다 좋았던 점은 아무도 나를 신경 쓰지 않는다는 사실. 주말 오후, 독서 삼매경에 빠져 있는 이들의 틈바구니에 끼면 그 누구도 내게 말을 걸지 않았다. 첫 방문 이후로 한 달에 서너 번 아오야마 북 센터를 찾았다. 처음에는 글보다 그림이 많은 책 위주로 샀고 점점 쉬운 문장으로 쓰인 에세이나 소설로 옮겨 갔다. 아오야마 북 센터에서 사 모은 책들은 내 일본어 선생님이 되었다.

부침을 거듭하며

리뉴얼이 끝난 후 다시 찾은 아오야마 북 센터. '완전히 바뀌어서 예전 모습을 찾아볼 수 없으면 어쩌지?'라는 걱정은 기우였다. 오래된 서가를 새로 바꾸면서 서가의 높이를 조금 낮췄을 뿐이다. 처음 방문했던 2006년의 모습에서 크게 달라지지 않았다. 아오야마 북 센터 본점은 1996년 지금 자리에서 시작했다. 재미있는 것은 아오야마 북 센터 롯폰기점이 1980년에 먼저 문을 열었다는 사실이다. 롯폰기점이 먼저 문을 열었으니 롯폰기 북센터 아오야마점이 되어야 하는 것이 아닐까? 시작은 롯폰기였지만 언젠가는 아오야마에 꼭 서점을 내고 말리라는 의지를 담아 아오야마 북 센터라고 이름 붙였다고 한다. 그리고 롯폰기에서 시작한 지 16년 만에 아오야마에 본점을 냈다. 본점과 롯폰기점을 포함해 한때는 일곱 개에 달하는 지점을 운영하며 상승 가도를 달렸던 아오야마 북 센터였지만 경기 악화와 치열한 경쟁 구도에 뒤쳐져 2004년 파산에 이르렀다. 아오야마 북 센터의 파산

은 출판 관계자뿐만 아니라 이곳을 즐겨 찾던 독자들에게도 엄청난 충격이었다. 당시의 기사를 찾아보니 많은 이들이 아오야마 북 센터와의 추억을 회상하며 하루 빨리 영업을 재개하길 바라고 있었다. 특히나 아오야마와 롯폰기를 거점으로 일하는 창작자들은 다른 서점에서 볼 수 없는 아오야마 북 센터만의 서가 구성이 영감의 원천이 되었다며 유난히 안타까워했다. 그런 성원 덕인지 영업중지 두 달 반 만에 본점과 롯폰기점의 영업을 재개할 수 있었다. 그 이후 2008년에 한 번 더 위기가 찾아왔다. 한국에서 그 뉴스를 접하고는 어찌나 가슴을 졸였던지. 2004년의 위기는 나와 아무런 상관이 없었지만 2006년의 첫 방문 이후로 아오야마 북 센터는 내 추억의 장소였다. 시네코아나 종로서적처럼 허무하게 사라지는 것은 싫었다. 다행히도 대형 헌책방 체인점인 '북 오프(BOOK OFF)'를 운영하는 '북 오프 코퍼레이션' 밑으로 들어가 지금에 이르렀다.

독자와 함께 성장하는 서점

아오야마 북 센터의 성쇠를 이야기하며 점장 호리우치 아키라(堀内彰良) 씨는 이렇게 덧붙였다.

"애초에 손님이 신간을 파는 서점에서 책을 사지 않으면 헌책방은 운영을 할 수가 없어요. 그래서 헌책방은 신간의 판매 동향을 꾸준히 살피죠. 아오야마 북 센터는 그런 면에서 조금 특이한 신간 서점이에요. 제가 북 오프에서 15년을 일했는데 아오야마 북 센터에 있는 책들은 북 오프에서는 보지 못한 책들이에요."

아오야마 북 센터에서 파는 책은 그만큼 소장가치가 높은 책이라는 의미이리라. 예전부터 아오야마와 롯폰기는 창작자들에게 사랑받는 동네였다. '일의 재료'가 되는 책을 사러 오는 손님들을 위한 서가 구성을 하다 보니 자연스럽게 사진, 디자인, 건축 등에 집중하게 됐다. 트렌드에 민감한 사람들이 주요 고객이라 서점에서 일하는 이들도 당장 눈앞에 보이는 것보다는 6개월 후, 1년 후에 무엇이 유행할 것인가를 항상 고민하고 있다.

얼마 전부터 아오야마 북 센터는 홈페이지에서 재미있는 기획을 선보이고 있다. '아오야마 북 센터가 고르는 ○○한 세 권'이라는 기획이다. 한 권만 추천하는 건 좀 부족해 보이고, 두 권을 추천하는 건 비슷한 책을 모아 놓은 느낌이고, 그래도 세 권은 되어야 하나의 주제에 대해 여러 가지 면을 보여줄 수 있지 않겠냐는 의도로 시작했다. 예를 들면 이런 식이다. '도쿄의 근대 건축을 즐길 수 있는 세 권'으로는 〈긴자건축탐방 銀座建築探訪〉, 〈구 제국호텔의 크림소다 旧帝国ホテルのクリームソーダ〉, 〈도쿄의 구시가를 걷다 東京旧市街地を歩く〉를 골랐고, '서울을 여행하기 전에 읽으면 좋은 소설과 에세이 세 권'으로는 〈소설 서울 小説ソウル〉, 〈한글 여행 ハングルへの旅〉, 김연수의 소설 〈세계의 끝 여자친구〉를 골랐다. 이외에도 '지도를 디자인하는 데 참고할 만한 세 권'이라든가 '비 오는 날 아이와 함께 읽고 싶은 그림책 세 권'이라든가. 아오야마 북 센터의 강점인 사진, 디자인, 건축, 예술 분야 외에도 다양한 분야의 책을 추천하고 있다. 이런 식으로 아오야마 북 센터는 멈추지 않고 계속해서 앞으로 나아간다. 손님이자 든든한 후원자

인 창작자들에게 뒤지지 않는 창의적인 방법을 생각해 내며.

10년 전이나, 10년 후나

추적추적 비가 내려서 외출하기 좋지 않은 날씨인데도 계속해서 손님이 들어왔다. 망설임 없이 특정 서가로 직행하는 모습을 보니 단골이 분명했다.

"사실 리뉴얼 한다는 소식을 들었을 때 조금 걱정했어요. 내가 알던 아오야마 북 센터가 아니면 어쩌나 하고요."

"저희도 리뉴얼을 앞두고 고민을 많이 했지만 역시 최소한만 바꾸기로 결정했습니다. 손님들의 추억과 함께 일하는 사람의 추억도 담겨 있는 공간이니까요."

두 번째 동네 - 하라주쿠/오모테산도/아오야마

입구 바로 왼쪽의 잡지 서가를 둘러보다가 찾고 있던 책을 발견했다. 한국에서는 이미 품절된 〈매거진 B〉의 아홉 번째 책인 '화요' 편.

"이거 한국에서는 품절이라 못 구했는데 여기 딱 있을 줄이야! 오늘 오길 진짜 잘한 것 같아요!"

"서점은 문의가 많은 소매업 중에 하나죠. 서점에서 일하면서 가장 보람을 느낄 때가 바로 지금 같은 순간이에요. '다른 곳에는 없었는데 여기에는 있네요!'하는 손님을 만날 때요."

손님은 원하는 상품을 손에 넣어 기쁘고 일하는 사람은 그런 손님의 모습을 보면서 보람을 느끼는 공간. 그 상품이 바로 책이고, 그 공간이 바로 서점이기에 가능한 장면 아닐까? 호리우치 씨와 대화가 끝난 뒤에도 한참 동안이나 서점에 머물렀다. 손님은 꾸준히 들어왔지만 시끄럽지 않았고 각자 적당한 거리를 유지한 채 책을 읽고 책을 사서 나갔다.

10년 전, 하라주쿠의 인파를 피해 도망치듯 들어왔던 나의 오아시스는 여전히 그 모습 그대로였다.

스위치 출판사의 북카페

레이니 데이 북스토어 앤 카페
(Rainy Day Bookstore & Cafe)

주소	도쿄도 미나토 구 니시아자부 2-21-28 지하1층
	(東京都港区西麻布2-21-28B1F)
전화번호	03-5485-2134
영업시간	8:00~19:00
정기휴일	월, 화(공휴일인 경우 영업)
찾아가는길	지하철 지요다 선, 긴자 선, 한조몬 선 오모테산도 역 A5 출구에서 걸어서 10분
홈페이지	www.switch-pub.co.jp/rainyday

새벽 1시, 하네다 공항에 도착했다. 시내로 나가는 첫차 시각까지 네 시간 정도 남아 있었다. 긴 의자에 익숙하게 자리를 잡고 누웠다. 24시간 환하게 불이 켜진 공항의 천장을 바라보며 '저가 항공은 다시 타지 않으리'라고 부질없는 다짐을 했다.

세 시간 정도였지만 누가 업어 가도 모를 정도로 달콤한 잠이었다. 오전 6시, 통유리로 보이는 바깥은 아직도 어두웠다. 도쿄는 서울보다 해가 한 시간 정도 빨리 뜬다. 이미 환하게 밝아야 할 시간인데 두꺼운 구름이 해를 가렸다. 음산하게 비가 내리고 있었다. 야간 비행을 하고 공항에서 노숙을 하는 것보다 장마철 도쿄의 축축한 날씨를 참는 게 더 힘들었다. 숙소의 체크인 시간은 오후 3시. 그때까지 시원하고 편안한 장소에 늘어져 몸과 마음을 뽀송뽀송하게 말리고 싶었다. 그때 불현듯 떠오른 장소. '레이니 데이 북스토어 앤 카페'에 한번 가 볼까?

출판사의 색이 그대로 녹아든 공간

〈스위치 SWITCH〉라는 잡지가 있다. 내가 태어난 다음해인 1985년 창간해 지금까지 30년 이상 사랑받고 있는 일본의 인터뷰 잡지다. 2006년 평소 좋아하던 이누도 잇신 감독의 영화 '메종 드 히미코'에 오다기리 조라는 배우가 나왔다. 영화를 본 후 오다기리 조의 팬이 되었고, 이때부터 몇 년 동안 일본 영화와 드라마에 푹 빠져 살았다. 그러던 어느 날 집에 가는 길에 습관처럼 들렀던 교보문고 광화문점에서 〈스위치〉를 만났다. 표지 사진은 오다기리 조. '이 남자, 단발 참 잘 어울리네'라고 생각하며

어느새 계산대 앞으로. 처음으로 일본 잡지를 산 날이다.

레이니 데이 북스토어 앤 카페는 〈스위치〉를 만드는 출판사 '스위치 퍼블리싱(SWITCH PUBLISHING)'에서 운영하는 책방 겸 카페다. 우리나라에는 출판사 직영의 책방이나 북카페가 꽤 많은 편이지만 일본에는 매우 드물다. 요 근래 들어 출판사와 서점을 같이 하는 곳이 조금씩 생기고 있지만 '새로운 시도' 정도의 느낌이랄까. 스위치 퍼블리싱과 레이니 데이 북스토어 앤 카페는 출판과 서점이 적당히 균형을 이루며 서로 돕고 있다. 〈스위치〉가 나올 때마다 출판사 지하에 있는 레이니 데이 북스토어 앤 카페에서 간행 기념 이벤트를 연다. 1년에 세 번 문예지 〈몽키 MONKEY〉가 나올 때 편집장 시바타 모토유키(柴田元幸)와 함께하는 낭독과 토크 이벤트는 언제나 발 디딜 틈도 없다. 매장의 테마는 여행 잡지인 〈코요테 Coyote〉의 콘셉트 '사람, 여행을 하다'와 맞닿아 있다. 스위치 퍼블리싱을 대표하는 세 개의 잡지가 그대로 녹아든 공간이 레이니 데이 북스토어 앤 카페다. 다른 책방에서는 구하기 힘든 세 잡지의 과월호도 빠짐없이 갖춰 놓았다.

청경우독, 비 오는 날은 책과 함께

레이니 데이 북스토어 앤 카페라는 이름은 '청경우독(晴耕雨讀)'이라는 사자성어에서 따왔다. 맑은 날에는 밭에서 일하고 비가 오는 날에는 책을 읽는다는 뜻이다. 처음에는 토요일과 비 오는 날에만 영업을 했다고 한다. 지금은 영업일이 늘었지만 어차피 비가 오고 있으니 찾아가기 딱 좋은 날이다.

오모테산도 역과 롯폰기 역 중간쯤에 있어서 역에서 내려서도 조금 걸어야 하지만 길 찾기는 그다지 어렵지 않다. '비 오는 풍경이 잘 보이도록 커다란 통유리창이 있는 1층이면 좋을 텐데'라는 생각은 막상 지하로 내려와 보니 싹 사라졌다. 살짝 어두운 듯 하지만 책 읽기에는 부족함이 없는 조명과 붉은 벽돌로 된 벽이 마음에 들었다. 주방이 함께 있어서인지 과할 정도로 돌아가는 에어컨의 냉방에 금세 몸이 보송보송 말랐다. 팬케이크와 커피 한 잔을 주문했다. 5백 엔인 핸드드립 커피가 팬케이크와 함께라면 2백 엔으로 할인되는 것도 만족스럽다.

어느 정도 몸을 쉬고 나서야 서가가 눈에 들어왔다. 〈스위치〉와 〈몽키〉, 〈코요테〉가 각 잡지의 특집 기사와 연관된 책들과 나란히 놓여 있었다. 잡지의 최신호가 나올 때마다 그에 맞게 서가 구성을 바꾼다고 한다. 그 외에도 스위치 퍼블리싱에서 나온 책들이 보였다. 무라카미 하루키의 〈직업으로서의 소설가〉. 몇 달 전에 나온 한국어판을 읽었는데 여기서도 아직 신간이었다. 무라카미 하루키의 인기는 정말 대단하구나.

차곡차곡 쌓인 시간

팬케이크는 폭신폭신하면서 적당히 달콤하고 커피는 적당히 썼다. 하나를 더 시킬까 고민하는 중에도 손님이 계속해서 들어왔다. 어느새 점심시간. 오면서 봤을 때는 근처에 사무실이 없는 것 같았는데 손님 대부분이 직장인이었다. 하긴 이런 장소라면 오모테산도에서 일부러 찾아올 만하다. 식사를 마친 직장인들이

썰물처럼 빠져나가자 실내는 다시 조용해졌다. 적당한 소음 속에서 여행 일정을 정리했고 고요가 찾아오면 책을 읽었다. 〈스위치〉의 과월호 중에 10년 전쯤 내가 샀던 한 권도 있었다. 아직도 남아 있다는 사실이 신기했다. 〈스위치〉 최신호의 특집 기사는 배우 고이즈미 교코의 '하라주쿠 2016 플레이백'이다. 오다기리 조가 표지인 2007년 4월호에서는 고이즈미 교코가 '하라주쿠 백경(原宿百景)' 연재를 시작한다고 알리고 있었다. 시간이 쌓이는 만큼 글도 쌓인다. 수십 년을 사랑받아 온 잡지의 힘이 느껴졌다.

레이니 데이 북스토어 앤 카페에는 이곳에서만 구할 수 있는 자체 제작 상품이 있다. 코요테 티셔츠는 요트, 윈드서핑 같은 해양스포츠를 즐기기에 좋은 마을 하야마에 위치한 '선샤인+클라우드(SUNSHINE+CLOUD)'라는 브랜드와 협업해 만들었다.

"하야마는 바다가 정말 아름다운 곳이에요. 선샤인+클라우드도 멋진 공간이니까 이번에 시간 되시면 꼭 가 보세요!"

점장인 오다 유코(小田優子) 씨는 하야마에 꼭 가 보라고 몇 번이나 강조했다. 갈 수 있으면 좋으련만 여행 일정을 정리하면서 이번에는 도쿄를 벗어나지 못할 것 같다는 결론을 내렸다. 아쉬운 것 하나는 남겨 둬야지 그곳으로 다시 돌아올 수 있다고 믿기에

크게 서운하지는 않았다.

레이니 데이 북스토어 앤 카페를 나오기 전, 이곳을 책에 소개해도 될지 물어보자 오다 씨는 흔쾌히 허락했다. 궁금한 점이 있으면 언제라도 연락하라는 오다 씨의 말이 무엇보다 든든했다.

인사를 마치고 밖으로 나오니 비는 그쳤고 땅도 어느새 바싹 말랐다. 레이니 데이 북스토어 앤 카페에 들어갈 때만 해도 여기서 대충 시간을 보내다 체크인 시간에 맞춰 숙소에 가려고 했다. 책과 커피와 달콤한 음식의 힘이었을까? 나올 때 야간 비행, 공항 노숙으로 쌓인 피로를 싹 다 잊었다.

한국으로 돌아와 오다 씨에게 이메일을 보냈다. 오다 씨의 답장을 읽으니 레이니 데이 북스토어 앤 카페의 공기가 다시 그리워졌다.

'마음 편하게 책을 읽을 수 있는 시간은 어쩌면 조금 사치스런 시간일지도 몰라요. 그러니까 앞으로도 그 시간을 즐길 수 있는 공간으로 이 자리를 제대로 지켜 가고 싶어요.'

걸어서 함께 찾아가기 좋은
하라주쿠,
오모테산도,
아오야마의
동네책방들

크레용 하우스(crayonhouse)

아이와 부모가 함께 즐기기 좋은 서점

ⓐ 도쿄도 미나토 구 기타아오야마 3-8-15
　　(東京都港区北青山3-8-15)
ⓣ 03-3406-6308
ⓞ 11:00(주말, 공휴일 10:30)~19:00
ⓓ 연말연시
ⓗ www.crayonhouse.co.jp (영어제공)

북 마크(BOOK MARC)

패션 브랜드 '마크 제이콥스'에서
운영하는 서점

ⓐ 도쿄도 시부야 구 진구마에 4-26-14
　　(東京都渋谷区神宮前4-26-14)
ⓣ 03-5412-0351
ⓞ 11:00~20:00
ⓓ 부정기휴무
ⓗ www.marcjacobs.jp/bookmarc

산요도 서점(山陽堂書店)

1891년에 문을 열어 5대째 이어가고 있는
서점

ⓐ 도쿄도 미나토 구 기타아오야마
　　3-5-22
　　(東京都港区北青山3-5-22)
ⓣ 03-3401-1309
ⓞ 10:00~19:30
　　토 11:00~17:00
ⓓ 일, 공휴일
ⓗ sanyodo-shoten.co.jp

책방지기들의 비밀 아지트

하라주쿠,
오모테산도,
아오야마 편

"'뷔이크'라는 카페에 자주 가요.
점심시간에만 먹을 수 있는
'이번 주의 키슈'가 정말 맛있어요!
현미 샐러드가 함께 나오는데 양이
적은 것 같지만 든든해서 건강한 한
끼 식사로 충분하답니다."

레이니 데이 북스토어 앤카페의
오다유코

뷔이크(buik)
매주 다른 키슈를 맛볼 수 있는 까페

ⓐ 도쿄도 미나토구 미나미아오야마
　 4-26-12 1층
　 (東京都港区南青山4-26-12 1F)
ⓞ 8:00~18:00
ⓓ 일, 월, 공휴일
ⓗ buik.jp

갤러리 360도(Gallery 360°)
현대미술 전문 갤러리

ⓐ 도쿄도 미나토구 미나미아오야마 5-1-
　 27 2층(東京都港区南青山5-1-27 2F)
ⓣ 03-3406-5823
ⓞ 12:00~19:00
ⓓ 일, 공휴일
ⓗ 360.co.jp

와타리움 미술관(ワタリウム美術館)
건축가 마리오 보타가 설계한 것으로 유명한
현대미술 전문 미술관

ⓐ 도쿄도 시부야구 진구마에 3-7-6
　 (東京都渋谷区神宮前3-7-6)
ⓣ 03-3402-3001
ⓞ 11:00~19:00(수 21:00)
ⓓ 월(공휴일인 경우 개관)
ⓗ www.watarium.co.jp

오카모토 다로 기념관(岡本太郎記念館)
일본 대표 예술가 오카모토 다로의 주택을
개조하여 만든 기념관

ⓐ 도쿄도 미나토구 미나미아오야마 6-1-19
　 (東京都港区南青山6-1-19)
ⓣ 03-3406-0801
ⓞ 10:00~18:00
ⓓ 화(공휴일인 경우 개관), 연말연시
ⓗ www.taro-okamoto.or.jp

ⓐ 주소 / ⓣ 전화 / ⓞ 영업시간
ⓓ 정기휴일 / ⓗ 홈페이지

오감을 깨우는
책공간의 매력

中目黒/
恵比寿/代
有楽町/
丸の内/銀

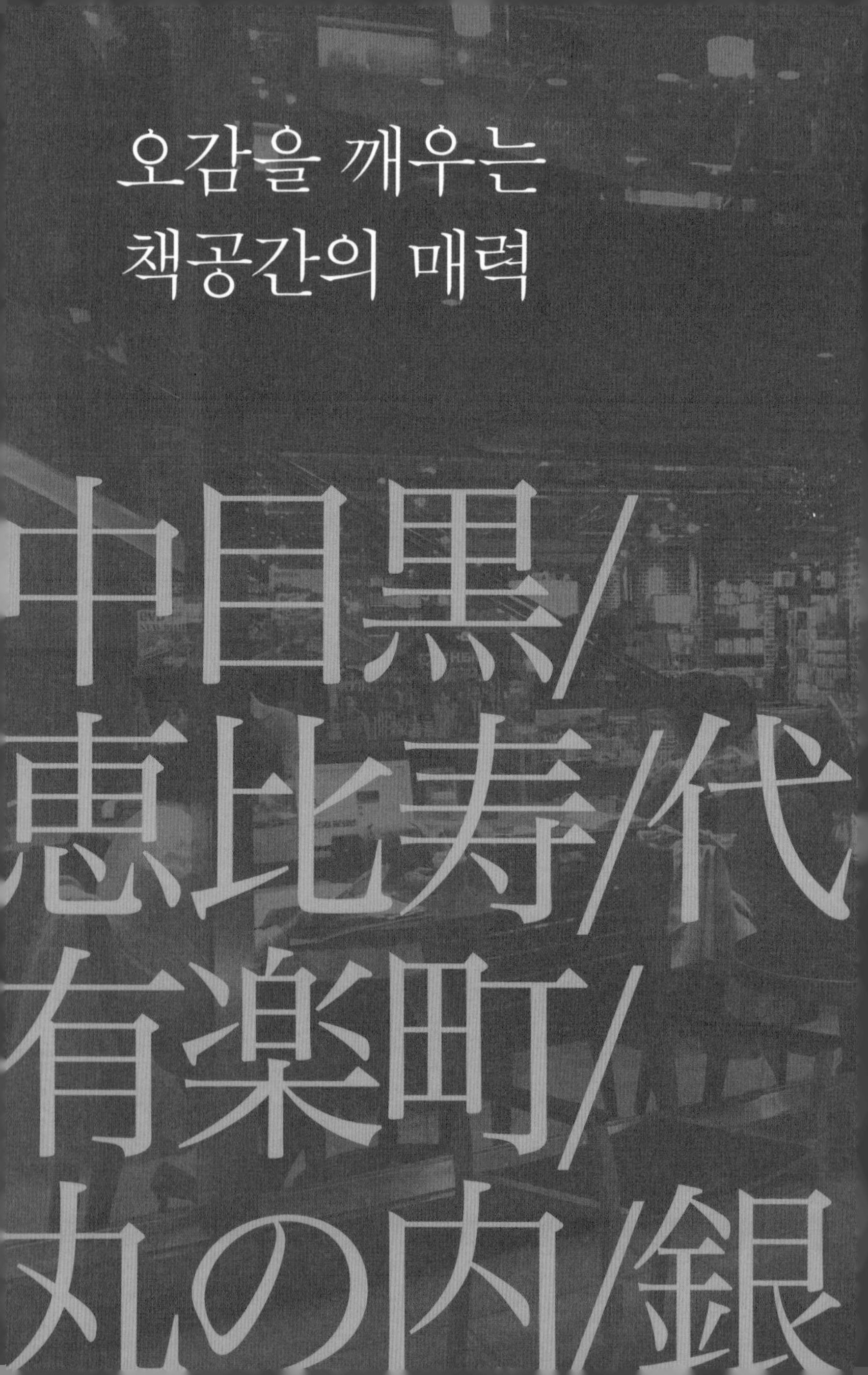

활자를 한 글자씩 새기며 책을 읽는 맛도 각별하지만 섬세한 펜 선이 살아 있는 그림 한 장, 찰나의 순간을 담은 사진 한 장이 가끔은 더 강렬하다. 눈에 익지 않은 언어들 사이에서 머리가 소란할 때, 아무 생각도 하기 싫을 때, 시각을 잡아 끄는 이미지로 가득한 공간으로 떠나보는 건 어떨까. 한 장 안에 담긴 이야기를 좇아 가다 보면 어느덧 책이 가득한 공간에 와 있는 자신을 발견하고 깜짝 놀랄지도 모른다.

나카메구로/에비스/다이칸야마
유라쿠초/마루노우치/긴자

나카메구로 中目黒

에비스 恵比寿

다이칸야마 代官山

대중교통으로 세 동네를 돌아다닌다면 적어도 한 번은 꼭 시부야를
들러야 하기 때문에 번거롭지만, 걸어서 다니면 오히려 거치는 곳 없이
이어져서 편하다. 역 주변을 벗어나면 그저 조용한 주택가 같은데
골목골목 자리한 '책이 있는 공간'이 마을에 생기를 불어넣는다. 동네의
색깔과 책방의 개성이 균형을 이루며 함께하는 모습은 평화롭고
정겹다.

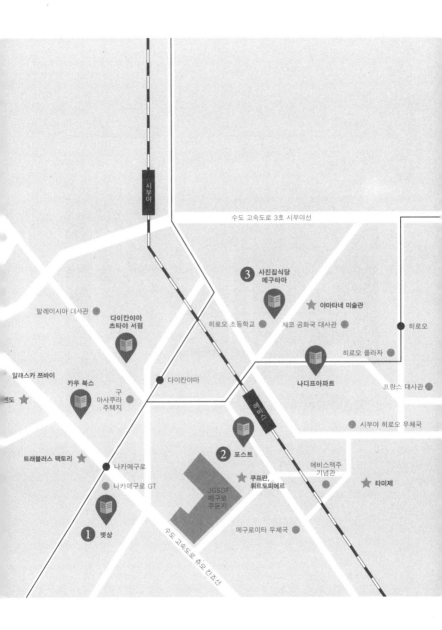

시부야

수도 고속도로 3호 시부야선

3 사진집식당
메구타마

☆ **야마타네 미술관**

말레이시아 대사관 ●

**다이칸야마
츠타야 서점**

히로오 초등학교 ● 체코 공화국 대사관 ● ● 히로오

히로오 플라자 ●

알래스카 쯔바이

카우 북스

구
아사쿠라
주택지

● 다이칸야마

나디프아파트

프랑스 대사관 ●

●도 ☆

에비스

● 시부야 히로오 우체국

트래블러스 팩토리 ☆

● 나카메구로

2 포스트

● 나카메구로 GT

JGSDF
메구로
주둔지

☆ **쿠프란,
휘르토피에르**

에비스맥주
기념관

☆ **타미제**

1 뎃상

수도 고속도로 츄오 칸죠선

메구로미타 우체국 ●

세 번째 동네 - 나카메구로/에비스/다이칸야마

나카메구로/에비스/다이칸야마

엄마와 아이 모두 행복한 책방

뎃상(dessin)

주소	도쿄도 메구로 구 가미메구로 2-11-1
	(東京都目黒区上目黒2-11-1)
전화번호	03-3710-2310
영업시간	12:00~20:00
정기휴일	화
찾아가는길	도큐덴테쓰 도요코 선, 지하철 히비야 선 나카메구로 역에서 걸어서 3분
홈페이지	dessinweb.jp

조용한 주택가 곳곳에 감각적인 작은 가게들이 둥지를 틀고 있는 나카메구로는 어느 계절에 가도 기분 좋게 산책할 수 있는 동네다. 그중에도 봄의 나카메구로는 각별하다. 세타가야 구에서 시작하는 강 메구로가와가 나카메구로까지 흘러와 벚꽃과 만난다. 하천 양 옆으로 빼곡한 벚꽃나무는 매년 4월 초에 수줍은 분홍빛 꽃을 피우고, 바람이 불면 꽃잎이 우수수 떨어져 수면을 분홍빛으로 물들인다. 몇 년째 '도쿄에서 가장 아름다운 벚꽃 명소' 1위를 지키고 있어 꽃잎의 수만큼이나 많은 사람들이 나카메구로를 찾는다. 이맘때면 하천을 따라 포장마차가 나와 있어 평소의 조용하고 차분한 동네의 모습은 온데간데없다. 하지만 역 쪽으로 길을 건너면 평소의 나카메구로가 나타난다. 꽃놀이의 소란에 휩쓸리지 않는 그곳에 엄마와 아이 모두 행복한 헌책방 '뎃상'이 있다.

유모차를 끌고 들어오세요

뎃상은 계단의 높이가 꽤 높고 무거운 유리문을 열고 들어가야 하는 토토도와는 입구부터 다르다. 유모차의 앞바퀴를 살짝 들어 올려 자동문 버튼을 누르면 쉽게 안으로 들어갈 수 있다. 처음 뎃상을 방문했을 때, 토토도와 전혀 다른 분위기라 같은 사람이 운영하고 있다는 생각은 하지 못했다. 뎃상은 토토도의 오와다 씨가 운영하고 있다. 하지만 입지부터 다르다. 토토도에 가려면 역에서 나와 횡단보도와 육교를 건너 꼬불꼬불 골목 안으로 들어가야 한다. 하지만 뎃상은 역에서 나와 큰길을 따라 5분

정도 걷다가 왼쪽으로 한 번만 꺾으면 된다. '손님이 많이 들어오는 것만이 능사는 아니에요'라고 이야기했던 토토도의 오와다 씨가 뎃상에서는 '누구나 마음 편하게 들어올 수 있는 공간이면 좋겠어요. 특히 아이와 함께 외출한 엄마들이요'라고 말한다. 그만큼 두 책방은 동떨어져 있다. 유일한 공통점이라면 두 곳 모두 사진집, 화보 등 눈이 즐거운 책이 많다는 것 정도일까?

토토도 근처에 아이들의 예방 접종을 하는 시설이 있다고 한다. 유모차를 끌고 토토도 앞을 지나는 엄마들은 많지만 매장까지 들어오는 사람은 거의 없다는 사실을 안타깝게 생각한 오와다 씨. '엄마와 아이가 즐거운 책방을 만들어 보자!'고 결심했다. 토토도를 시작하고 5년째 되던 해 여름에 그 꿈을 이뤘다. 토토도에서 걸어서 20분 정도 걸리는 장소에 뎃상이 문을 열었다.

매장 앞에 놓인 나무 상자와 화분이 따뜻했다. 나무의 느낌이 그대로 전해지는 서가는 토토도보다 옅은 색이라 훨씬 화사했다. 널찍한 통로는 유모차를 끌고 온 사람을 위한 배려다. 계산대 앞에 낮은 계단이 있지만 '계산대 앞에 계단이 있으니 스태프가 도와 드리겠습니다'라고 친절하게 적어 두었다. 그렇다면 오와다 씨의 바람대로 뎃상에는 부모님의 손을 붙잡은 아이들이 많이 올까?

"솔직히 잘 모르겠어요. 동네 분들이 많이 오시기는 해요. 확실한 건 토토도는 남자 손님이 많은 편이고 뎃상은 여자 손님이 많은 편이라는 거예요. 통로에 책을 더 놓고 싶은데 손님들이 불편해 하실까 봐 관뒀어요. 무엇보다 유모차를 끌고 오는 손님이 더 많아졌으면 좋겠거든요."

인생의 첫 책을 만나는 공간

오와다 씨는 책을 읽거나 그림을 보고 나서 그 감상을 그림으로
표현했던 어린 시절의 추억을 떠올리며 데생을 뜻하는 'dessin'
으로 책방 이름을 지었다. 그 이름처럼 아이들이 즐길 거리도 풍
성하다. 천장에는 모빌, 바닥에는 앞뒤로 흔들리는 목마가 있고
아이들이 좋아할 만한 그림책이 잔뜩 있다. 아이들의 눈높이에
맞추기 위해 바닥에 나무상자를 놓고 그 안에 책을 넣었다. 깔
끔한 돌바닥이 서늘하게까지 느껴졌던 토토도와는 완전히 다
른 모습이다.

"장사가 잘 되는 책방의 지점이 생기는 경우는 있어도 이렇게 성
격이 다른 책방 두 개를 동시에 운영하는 사람은 아마도 없을 거
예요."

뎃상과 토토도의 매장 분위기는 완전히 다르지만 딱 한 가지 똑
같은 것이 있다. 바로 1964년 도쿄 올림픽의 포스터가 한쪽 벽
을 장식하고 있다는 사실. 일본 국기 혹은 태양을 떠올리게 하
는 빨갛고 둥근 원 아래 금색의 오륜이 있는 단순한 디자인이지
만 몇십 년이 지난 지금까지도 일본에서는 최고의 포스터 디자
인으로 꼽히는 작품이다. 이 포스터를 디자인한 사람은 가메쿠
라 유사쿠(亀倉雄策). 도몬 켄이 활약했던 잡지 〈닛폰 NIPPON〉
의 작업에도 참여한 디자이너다. 오와다 씨는 단순하지만 기백
이 느껴지는 이 포스터를 좋아해 두 매장 모두에 붙여 놓았다.

세 번째 동네 - 나카메구로/에비스/다이칸야마

이외에도 뎃상에는 다양한 포스터가 붙어 있어 시선을 잡아 끈다. 안쪽 전시 공간엔 몇 주에서 한 달 간격으로 다른 작품을 전시하며, 아이들이 언제 와도 지루하지 않도록 신경 쓰고 있다. 하지만 전시 공간의 작품이 자주 바뀌지 않아도 상관없을 듯하다. 뎃상에 있는 그림책, 동화책은 어쩌면 이 세상에 단 한 권밖에 없는 책일지도 모르니까. 그 책이 팔리면 또 다른 책이 해사한 얼굴로 아이들을 맞아줄 것이다. 뎃상에서 인생의 첫 책을 만난

아이라면 토토도에서 자신의 취향에 맞는 책을 고를 수 있는 어른으로 자라지 않을까?

마지막으로 뎃상을 방문하고 몇 개월 뒤인 2017년 4월 뎃상이 이사를 했다. 이사라고 해도 같은 동네에서 조금 이동했을 뿐이다. SNS에 올라온 사진을 보니 토토도와 분위기가 좀더 비슷해졌다. 따스했던 기존의 분위기를 떠올리며 오와다 씨에게 연락을 해 보았다. 이사를 했어도 유모차가 들어갈 수 있는 예전의 뎃상을 그대로 이어가고자 신경을 많이 쓴 듯했다. 토토도의 가구를 만든 가구점에서 주문 제작했기에 얼핏 보면 가구가 비슷해 보이지만 색상을 연하게 했고 실내 조명 역시 토토도보다 밝다고 한다. 아이들이 좋아할 만한 책이 꽉 들어찬 큐레이션 역시 변함이 없단다. 오히려 나카메구로 역에서 조금 더 가까워졌기에 누구나 부담 없이 찾을 수 있다. 오와다 씨의 센스와 배려가 가득 담긴 새로운 뎃상에 얼른 가 보고 싶다.

© YUKI OWADA

한 번에 한 출판사의 책만

포스트(POST)

주소	도쿄도 시부야구 에비스미나미 2-10-3
	(東京都渋谷区恵比寿南2-10-3)
전화번호	03-3713-8670
영업시간	12:00~20:00
정기휴일	월
찾아가는 길	JR 야마노테선, 지하철 히비야선 에비스역 5번 출구에서 걸어서 10분
홈페이지	post-books.info (영어제공)

첫 방문 때 살짝 주눅 들었던 기억이 난다. 약간 경사진 길에 누가 봐도 비싸고 튼튼해 보이는 SUV 차량이 책방 입구를 막고 있었다. 겨우 비집고 들어간 책방은 정갈하고 세련됐다. 자동차의 주인으로 보이는 외국인과 일상 대화를 나누는 스태프와 계산대 안쪽에서 백과사전 두께의 사진집을 한 권 갖고 나오는 스태프. 만 엔짜리 지폐를 건넨 손님의 손에는 짤랑거리는 동전 몇 개만이 남았다. 책방에 가면 책 한 권은 꼭 사자고 다짐했는데 '포스트'에서는 내 얇은 지갑을 탓할 수밖에 없었다. 견물생심이라고 자세히 보면 지갑 사정 생각하지 않고 질러 버릴 것만 같아서 보는 둥 마는 둥 하고 나왔다.

"그렇게 부담 갖지 마세요. 동네 사는 분들도 많이 오시고, 사진 공부하는 학생들도 와서 그냥 보다가 가는 경우도 많아요!"

씁쓸했던 첫 방문의 기억을 이야기하자 스태프인 니시키 다키코(錦多希子) 씨는 모처럼 멀리서 왔는데 왜 그랬냐며 함께 안타까워했다. 그래도 이렇게 다시 오게 되었으니 얼마나 다행인가. 이보다 멋진 사진집 책방을 난 아직까지 보지 못했다.

한 출판사의 책으로만 꾸미는 서가

에비스의 조용한 주택가에 있는 포스트. 책방이 들어서기 전에는 5년 동안이나 빈 건물이었다. 집주인도 '이제는 부숴야겠구나' 생각하고 있던 때에 포스트의 대표인 나카지마 유스케(中島佑介) 씨가 이 장소를 발견했다. 곧 철거할 예정이라는 집주인의 말에 '기간 한정 책방'이 될지도 모른다고 생각했는데 어느

덧 4년이 넘었다.

사진집만 다루는 책방은 포스트 외에도 도쿄에 여러 군데가 있다. 하지만 그중에서도 포스트는 꽤 특이한 책방이다. 안으로 들어서니 우선 깔끔한 인테리어가 눈에 들어왔다. 군더더기가 하나도 없다. 가장 먼저 입구 오른쪽 벽을 꽉 채운 서가를 둘러봤다. 표지가 보이도록 놓인 사진집들. 어쩌면 위화감을 느낄지도 모르겠다. 이 서가에는 맥락이 없으니까. 사진집만으로 서가를 구성한다면 보통 시대별 혹은 작가별로 책이 놓여 있을 것이라고 짐작하지만 포스트는 고정관념을 깼다. 자세히 보면 보인다. 대략 50여 종이 넘는 사진집이 전부 한 출판사에서 나왔다는 사실이 말이다. 포스트는 한 달 반이나 두 달에 한 번씩 벽 한 쪽의 서가를 한 출판사의 사진집만으로 구성하는 독특한 사진집 책방이다.

취향을 강요하지 않는 책방

한 서가의 책을 통째로 바꾸는 이유는 그리 넓지 않은 공간에 신선함을 주기 위해서다. 한 번에 한 출판사만 소개하는 이유는 손님에게 책방의 취향을 강요하고 싶지 않기 때문이다. 작은 서점의 서가는 책을 고르는 사람에 따라 그 취향이 드러날 수밖에 없다. 그러나 포스트는 스태프의 취향에 맞지 않는 책이라 하더라도 출판사의 성격을 드러내는 데 도움이 된다면 들여온다. 어디까지나 출판사가 주목을 받을 수 있도록 말이다.

"하나의 출판사를 선택했다는 것 자체로 이미 저희의 취향은 반

영되어 있다고 봐요. 하지만 그 이상을 강요하고 싶지는 않습니다. 특정 작가, 특정 시대의 사진집을 찾아 포스트에 왔다가 당황하는 손님들이 많은데요. 출판사에 대해 아무 정보도 없는 상태에서 자신의 취향에 맞는 사진집을 발견하고 계속해서 그 출판사에 관심을 갖게 된다면 성공이죠."

사진에 대해 잘 알고 취향이 뚜렷한 사람에게는 새로운 시각을 제안하고, 아직 사진을 잘 모르지만 알고 싶은 사람에게는 일종의 나침반이 되어 주는 것이다.

내가 방문했을 때는 영국 출판사 '마크(MACK)'의 사진집으로 서가를 채우고 있었다. 2010년에 창립한 마크는 역사는 다소 짧지만 업계에서는 좋은 사진집을 내는 곳으로 이미 명성이 자자하다.

"마크를 만든 마이클 마크(Michael Mack) 씨는 독일의 출판사 '슈타이들'에서 15년 동안 일했던 사람이에요. 참고로 포스트는 슈타이들 출판사의 일본 공식 판매처랍니다."

계산대를 지나 전시 공간 바로 앞쪽 서가는 슈타이들 출판사의 책으로만 구성되어 있다. 새로운 책이 나올 때마다 서가가 조금씩 바뀌긴 하지만 포스트에서는 언제나 슈타이들의 책을 만날 수 있다.

슈타이들이 어떤 출판사인가. 사진에 대해서 잘 모르는 나조차도 '세상에서 가장 아름다운 책을 만드는 남자' 게르하르트 슈타이들(Gerhard Steidl)의 이름을 들어 보았다. 2013년 대림미술관에서 열린 '슈타이들 전: How to Make a Book with Steidl'에서 슈타이들을 처음 만났다. 한 권의 책이 나오기 위해서는 많은 이들의 노력이 필요하다. 책을 단순히 하나의 공산품으로 바라본다면 싸고 빠르게 만드는 것이 효율적이다. 때문에 외주로 넘기고 하청을 주는 일이 비일비재하다. 하지만 슈타이들 출판사는 다르다. 책의 기획에서부터 편집, 디자인, 인쇄, 유통까지 책을 만드는 모든 과정이 한 지붕 아래에서 이루어진다. 전시를 보면서 '정말 지독한 장인 정신이구나'라고 생각하며 혀를 내둘렀더랬다. 그 슈타이들의 사진집을 포스트에서 만났다. 한 권씩 따로 놓고 봐도 아름다운데 모여 있으니 미술관의 전시실 하나를 그대로 가져다 놓은 듯했다. 많은 사람이 출판사보다는 창작자를 보고 책을 고르지만 슈타이들 출판사의 책이라면 다르다. 그야말로 '믿고 보는 출판사'인 것이다.

"슈타이들은 알아요. 예전에 한국에서도 전시했어요."

"사실 처음에는 슈타이들 출판사의 책을 이렇게 상설 판매할 생각은 없었어요. 다른 출판사의 책과 마찬가지로 때가 되어서 서가를 전부 싹 바꿨는데 그 이후에도 유난히 슈타이들 출판사 책을 찾는 손님이 많은 거예요. 그래서 꾸준히 거래를 하다 보니 공식 판매처까지 되었네요."

누구에게나 열린 이곳

슈타이들 출판사 서가 너머의 전시 공간에서는 2~3주마다 새로운 전시를 볼 수 있다. 주기적으로 서가를 바꾸고 새로운 전시까지 기획해야 한다니, 포스트의 스태프로 일하는 것은 여간 중노동이 아닐 듯싶었다.

"솔직히 엄청 힘들어요. 그래도 재밌어요. 무엇보다 기발한 생각을 가진 창작자를 많이 만날 수 있어서 좋아요. 지금처럼 해외에서 온 손님의 이야기를 들을 수도 있고요."

니시키 씨는 계속해서 새로운 사진집을 꺼내며 많은 이야기를 들려주었다.

"여행 좋아한다고 하셨죠? 혹시 세토우치국제예술제(瀬戸内国際芸術祭)라고 아세요? 3년 만에 나오시마에서 개최되는데 꼭 한 번 가보세요. 여기 이 사진집 보시면 잘 나와 있어요."

"아, 알고 있어요. 구사마 야요이(草間彌生)의 작품이 있는 장소죠? 안 그래도 나오시마는 가 보고 싶었어요!"

파란 바다를 배경으로 노란 호박 하나 덩그러니, 빨간 호박 하나 덩그러니 놓인 예술의 섬 나오시마의 풍경은 사진으로 질리도록 봤다. 가야지, 가야지 생각만 하고 있던 곳인데 이렇게 구체적인 정보를 얻으니 정말 올 가을에 갈 수 있을 것만 같았다.

지나치게 세련된 매장과 능숙한 손님 응대에 부담감을 느껴 서둘러 자리를 떠났던 첫 방문 때의 내 모습은 온데간데없었다. 첫인사를 나눌 때 니시키 씨가 말했던 대로 포스트는 누구에게나 열려 있는 공간이다. 사진에 대해서 잘 몰라도, 일본어를 못해도 상관없다. 에비스 역의 번잡함을 벗어나 여기까지 찾아오는 수고쯤이야 참아낼 수 있다. 그 수고보다 포스트에서 얻어 가는 것이 훨씬 더 많으리라는 사실을 장담할 수 있다.

다음번 방문 때는 마크에서 나온 루이지 기리(Luigi Ghirri)의 사진집을 꼭 사 가지고 와야겠다고 다짐하며 포스트를 뒤로했다.

5천 권의 사진집과 건강한 한끼
사진집식당 메구타마(写真集食堂めぐたま)

주소	도쿄도 시부야구 히가시 3-2-7 1층
	(東京都渋谷区東3-2-7 1F)
전화번호	03-6805-1838
영업시간	평일 11:30~23:00(마지막 주문 22:00)
	주말 12:00~22:00(마지막 주문 21:00)
정기휴일	월(공휴일인 경우 영업, 다음날 휴무)
찾아가는 길	JR 야마노테선, 지하철 히비야선 에비스역에서 걸어서 10분
홈페이지	megutama.com (영어 제공)

방문을 앞두고 미리 보낸 이메일에 정중하고 사무적인 답장이 돌아왔다.

'다만, 한 가지 확인하고 싶습니다. 사진집식당 메구타마에는 5천 권의 사진집이 있지만 책방은 아닙니다. 사진평론가 이자와 고타로(飯沢耕太郎) 씨가 소유한 사진집들입니다. 메구타마는 밥을 먹으면서 자유롭게 사진집을 볼 수 있는 식당입니다. 책은 판매하고 있지 않은데 괜찮으십니까?'

짧지만 정확한 설명 덕분에 메구타마가 어떤 공간인지 쉽게 알 수 있었다.

'괜찮습니다. 책방은 아니지만 책이 있는 근사한 공간으로 메구타마를 소개하고 싶습니다. 한국에는 없는 형태의 공간이기에 더욱 의미가 있다고 생각합니다.'

5천 권의 사진집, 몸에 부담이 없는 음식, 기둥 없이 지은 나무집, 특급 호텔을 인테리어한 디자이너의 실내 디자인. 전혀 접점이 없는 단어들이 만나 메구타마만의 묘한 분위기를 만들어 낸다. 메구타마는 도대체 어떤 곳일까?

문을 열고 들어가니 가장 먼저 계산대가 있고 이어서 주방이 보였다. 시선을 왼쪽으로 돌린 순간, '우와!' 하고 감탄사를 내뱉을 수밖에 없었다. 5천 권의 사진집이라고 말로 듣고 글로 읽을 때는 그림이 그려지지 않았는데, 역시 백문이 불여일견. 한쪽 벽을 모두 채우고도 모자라 맞은편 벽의 천장까지 꽉 채운 5천 권의 사진집은 '엄청나다'는 말 외에 다른 표현을 허락하지 않았다. 판형도 제각각, 색상도 제각각, 두께도 제각각이라 얼핏 봤을 땐 정리가 안 된 것 같았지만, 사진집을 국내 출판물과 해외 출판물로 나누고 그걸 다시 작가와 시대로 나눠 체계적으로 정리한 것을 알고는 한 번 더 놀랐다.

세 친구가 고민한 결과물

시중에 나와 있는 책꽂이로는 판형이 다양한 사진집을 깔끔하게 수납하기 어려워 서가를 통째로 맞췄다. 바닥에는 사진집의 주인 이자와 씨가 하얀색 페인트로 '생명의 나무'라는 그림을 그렸고 천장에서 내려오는 조명은 책을 펼친 모양이다. 의자는 체코에서 공수해 왔다. 보통은 입구 쪽에 테라스가 있기 마련인데 메구타마는 작은 정원으로 이어지는 가장 안쪽에 테라스가 있

ⓒ写真集食堂めぐたま

다. 게다가 내부에 기둥이 없어 시야가 시원하게 탁 트였다. '어떻게 하면 사람들이 좀 더 편안하게 머물다 갈 수 있을까?' 고민한 흔적이 곳곳에 묻어난다.

메구타마는 세 친구가 의기투합해 만든 공간이다. 사진 평론가 이자와 씨는 갖고 있던 사진집을 흔쾌히 내놓았고 자신이 만든 음식을 맛있게 먹는 사람을 보는 일이 가장 행복하다는 오카도 메구미코(おかどめぐみこ) 씨는 요리를 한다. 나에게 답장을 주었던 도키타마(ときたま) 씨는 메구타마를 홍보하며 재밌는 이벤트를 열고 있다.

사진집의 운명은 누군가 봐 주는 것

30년 동안 모은 5천 권의 책을 누구나 볼 수 있는 공간에 내놓는다는 것은 책을 사면 띠지조차 버리지 않는 나로서는 상상도 할 수 없는 일이다.

"누군가가 봐 주는 것이 사진집의 운명 아닐까요? 집에 5천 권이나 쌓아 둬도 보는 사람은 본인이나 가족들뿐이잖아요. 사진집은 '다른 세계로 통하는 문'이라고 생각해요. 가능하면 많은 사람들이 사진집을 보고 새로운 세계를 접하고 더불어 맛있는 음식도 먹으면서 기분이 좋아지면 좋겠어요."

"이렇게 누구나 볼 수 있게 해 두면 사진집이 상하지 않나요?"

"메구타마가 이제 3년 됐는데 아직까지는 별 문제 없었어요. 표지가 얇은 사진집이 조금 찢어지는 경우는 몇 번 있었는데 이자와 씨는 오히려 즐거워하면서 책을 보수하곤 해요."

메구타마에 있는 모든 사진집은 자유롭게 볼 수 있지만 한 가지 주의점이 있다. 자그마치 5천 권이나 되다 보니 정신없이 보다 보면 내가 이 책을 어느 서가에서 뽑아왔는지 헷갈리기 십상이다. 그렇기 때문에 계산대에 놓인 원색의 두꺼운 종이를 책을 뽑은 자리에 꽂아두는 게 메구타마만의 원칙이다.

1년에 한 번, 스무 명 정도의 자원봉사자들과 대청소를 하는데 그때도 순서가 흐트러지지 않게 각별히 신경 쓴다고 한다.

"사진집을 한 권씩 꺼내서 수건으로 닦아요. 아침에 시작하면 점심시간쯤에 끝나요. 그러면 다 같이 왁자지껄 소란을 떨며 밥을 먹는 거죠."

함께 잘 먹는 일

메구타마는 북카페가 아니고 어디까지나 식당이다. 도키타마 씨와 이야기를 나누는 동안에도 점심 영업을 준비하는 주방은 정신이 없었다. 그 와중에 오카도 씨는 수시로 우리 쪽으로 와 "따뜻한 물 줄까요?", "보리차는 어때요?" 하면서 세심하게 신경을 썼다.

"오카도는 중학교 때부터 요리해서 남들 먹이는 걸 좋아하는 친구였어요."

2011년 동일본 대지진 이후 일본에서는 안전한 먹거리에 대한 관심이 높아졌다. 그전에는 '국산'이라면 무조건 믿고 먹을 수 있었지만 원전은 먹거리에 대한 일본인의 생각을 바꾸어 놓았다.

"사실 동일본 대지진의 영향 때문만은 아니라고 생각해요. 그 이

전부터 일본의 식사 문화는 양극단으로 나뉘어 있었어요. 국산, 유기농 등 최고의 식재료를 고집하는 사람과 편의점 도시락, 컵라면 등으로 대충 한 끼를 때우는 사람으로요."

도키타마 씨는 '기초 요리력(基礎料理力)'이란 단어를 사용했다. 그가 어릴 때는 인스턴트, 레토르트 식품이 없었기에 모두가 된 장국을 끓이고 밥을 짓는 정도의 요리는 할 수 있었는데 지금은 그렇지 못하다고. 메구타마는 '몸에 부담 없는 요리'와 '엄마가 해 주는 소박한 밥상'을 추구한다. 그렇다고 굳이 유기농 식자재만을 고집하지는 않는다. 잘 알고 있는 생산자의 손에서 나는 신선한 제철 식품으로 그때그때 다른 요리를 내놓는다. 이벤트를 개최할 때도 일이 끝나면 다 함께 밥을 먹는다. 도키타마 씨도 오카도 씨도 이자와 씨도 여러 사람과 어울려 밥 먹는 것을 좋아한다고 한다.

메구타마의 진짜 매력

도키타마 씨의 옷에는 '반전 평화', '반핵', '탈 원전' 등의 문구가 들어간 배지가 어지럽게 달려 있다. 메구타마는 단순히 사진집이 있는 식당이 아니다. '함께' 사진집을 보고, '함께' 식사를 하는 것 이상의 활동을 함께한다.

네팔에 있는 학교를 지원하고 지적장애인을 고용하는 회사의 물건을 사용하며 합성 세제를 사용하지 않는다. 그렇다고 해서 '우리는 이렇게 착한 일을 하는 사람들입니다'라며 뽐내지도 않는다. 그저 공간 곳곳에 그 흔적들이 배어 있다. 네팔에서 만든 카레 분말을 팔고 화장실의 거울을 조금 크게 만들어 지적장애인을 고용하는 회사의 필기구로 그림을 그린다. 변기에 앉으면 딱 눈높이 정도 되는 곳에 '합성 세제를 사용하지 않고 설거지하는 법, 청소하는 법'을 안내하는 종이가 붙어 있다.

"사회적 약자를 돕는 활동도 많이 하시는 것 같은데……."

"사회적 약자라는 표현을 사용하며 그들을 우리의 잣대로 규정 짓는 것부터 그만둬야 한다고 생각해요. 저희 화장실 거울을 보면 아시겠지만 위쪽에 그림을 그려놨어요. 그 그림을 그린 펜을 만드는 회사가 '일본이화학공업(日本理化学工業)'이라는 곳인데요. 직원의 70퍼센트가 지적장애인입니다. 그들은 법으로 정해놓은 최저급여 이상의 급여를 받으면서 자신의 능력에 맞게 일하고 있어요. 실제로 저 펜을 사용한 사람들의 만족도도 아주 높고요. 그런데도 그들을 '약자'라고 단정 지을 수 있을까요?"

나긋나긋한 말투였지만 죽비로 얻어맞은 듯 아팠다. 멍하니 아무 말도 하지 못했다.

"물론 각자 생각은 다를 수 있어요. 제 말 너무 신경 쓰지 마세요."

나를 달래주며 금세 쾌활한 목소리로 돌아오는 도키타마 씨. 메구타마의 사진집 중 가장 좋아하는 책은 〈남자를 보는 법 How to contact a man〉이라는 누드 사진집이라며 크게 웃었다. 반면에 가장 인기 있는 사진집은 한때 일본을 뜨겁게 달궜던 미야자와 리에(宮沢りえ)의 누드 사진집 〈산타페 Santa Fe〉라며 어디에 있는지 슬쩍 귀띔해 주었다.

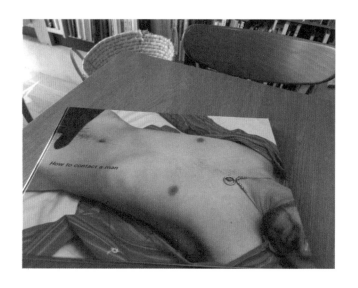

사진집은 다른 세계로 통하는 문

인근에 있는 포스트에 갔다가 점심을 먹기 위해 다시 메구타마로 돌아왔다. 도키타마 씨는 자리를 비웠고 오카도 씨가 바쁘게 움직이고 있었다. 매일 식단이 바뀌는 '오늘의 점심'을 주문하고 식당 안을 둘러보았다. 대부분 근처의 직장인들인 것 같은데 테라스 쪽에 여덟 명 정도 모여 앉은 중년 모임이 눈에 띄었다. 그리고 그 속에서 화려한 꽃무늬 셔츠를 입은 이자와 씨를 한눈에 알아봤다. 이자와 씨는 30년 경력의 사진평론가임에도 불구하고 권위를 내세우는 모습은 전혀 없었다. 그냥 인상 좋은 동네 아저씨일 뿐이었다.

식사는 금방 나왔다. 네 개의 반찬에 국을 곁들인 차림새다. 도쿄에 와서 계속 바쁘게 움직이는 통에 며칠 동안 패스트푸드와 라멘, 우동 등으로 끼니를 해결했다. 도대체 얼마 만에 먹어 보는 제대로 된 식사인지. 반찬도 맛있지만 무엇보다 현미밥이 정말 맛있어서 태어나서 처음으로 밥을 두 그릇이나 먹었다. 그런데도 속이 더부룩하지 않았다. '몸에 부담이 없는 요리'란 바로 이런 것이구나.

식사를 마치고 사진집을 살펴보았다. 이 수많은 책들 중 무얼 봐야 할지 모르겠어서 아이들이 좋아한다는 동식물 사진집 서가에서 〈고래의 바다 〈じらの海〉라는 사진집을 골랐다. 작가가 알래스카, 하와이, 일본에서 본 고래의 몽환적인 모습을 담은 책이었다. 음악이 흐르지 않는 실내 저 멀리서 파도 소리가 들려오는 듯했다. 배부르고 나른한 오후, 도키타마 씨가 이야기했던 '다른 세계로 통하는 문'이 열렸다.

츠타야 서점 이야기
굳이 다이칸야마가 아니어도 좋습니다.

2006년 12월의 어느 날, 오후 3시에 어스름이 깔리고 6시가 되면
새까만 밤이 내려오는 한겨울의 도쿄. 일루미네이션에 마음을 뺏겨
돌아다니다가 롯폰기의 게야키 언덕까지 왔다. 정신을 차려 보니
그 언덕에서 혼자인 사람은 나뿐이었고 괜히 의기소침해 도망쳐
들어간 장소가 스타벅스였다. 그런데 뭔가 생경했다. 테이블에는
컵을 꽂을 수 있게 동그란 홈이 파여 있고 손님들은 카페 공간
왼쪽에 펼쳐진 넓은 서가에서 자유롭게 책을 가져와 읽고 있었다.
서가 중간 중간 익숙한 로고가 눈에 들어왔다. 파란 바탕색에
샛노란 알파벳으로 'TSUTAYA'라고 쓰인, 역 근처나 상점가에서
쉽게 볼 수 있는 음반과 DVD 대여점 츠타야의 로고였다. 그때까지
북카페라면 으레 주인의 장서로만 꾸려진 공간이라 생각했는데,
계산도 하지 않은 책을 테이블로 가져와 읽다니. 상상도 못했던 일이
눈앞에서 아무렇지도 않게 벌어지고 있었다. 어색함은 곧 신선함과

즐거움으로 변했고 더듬더듬이지만 일본어 책을 읽을 수 있었던
나도 자연스럽게 사람들 틈에 녹아들어 갔다. 서점이란 이름만 붙지
않았을 뿐 내게 첫 츠타야 서점은 롯폰기의 츠타야다.

2년 후 3월의 어느 날, 자전거를 타고 요코하마 시내를 달리다
요란하게 넘어지고 말았다. 수줍게 꽃을 피운 벚나무 사이를
지나느라 들떴기 때문도 아니고 바다에서 불어오는 바람이 너무
강해서도 아니었다. 츠타야와 스타벅스의 간판이 나란히 붙은
건물을 발견하고 급하게 페달을 밟았기 때문이다.

일본의 비싼 교통비 탓에 롯폰기를 자주 찾지 못한 게 한국으로
돌아간 후에도 두고두고 아쉬웠다. 도쿄 옆 항구도시 요코하마의
한 회사에 취업해서 1년 만에 다시 일본으로 넘어왔는데 그 사이에
요코하마에도 츠타야와 스타벅스의 '카페형 서점'이 생긴 것이다.
어리바리한 사회 초년생, 게다가 해외에서 하는 회사 생활은 쉽지
않았지만 퇴근 후에 맛보는 커피와 책 덕분에 버틸 수 있었다. 그때가
내 인생에서 외국어로 된 책을 가장 많이 읽은 시간이었다.

2011년에 다이칸야마에 츠타야 서점이 생겼다는 소식을 들었다.
호들갑을 떠는 사람들이 촌스러워 보였다. 내겐 이미 5년 전부터
익숙한 공간인 걸. 예쁜 카페와 잡화점이 많은 다이칸야마 역시
너무 자주 가서 식상한 지역이었고. 하지만 그 동네에 몇 천 평의
부지를 쓰는 대형서점은 도저히 그림이 그려지지 않았다. 그렇게
잊은 다이칸야마 츠타야 서점에 관심을 갖게 된 계기는 교보문고
광화문점의 리뉴얼이었다. 추억이 꼭꼭 들어찬 공간이 변하는
게 속상했다. '도대체 다이칸야마 츠타야 서점이 뭐라고!'라는
심정으로 당장 도쿄로 가는 비행기 표를 끊었다.

몇 년 사이 도쿄는 착실하게 변해 있었다. 다이칸야마의
랜드마크는 더 이상 '힐사이드 테라스'가 아니었다. 그 바로

옆에 있는 '다이칸야마 티사이트(代官山T-SITE)'가 그 자리를
완벽하게 이어받았다. 전체를 모두 둘러볼 필요도 없이 여행서의
큐레이션만으로 충분했다. 프리미엄 에이지니, 라이프 스타일이니
하는 건 중요하지 않았다. '좋아할 만한' 책과 궁합이 잘 맞는 잡화가
나란히 놓여 있으니 어찌 눈이 가고 손이 가지 않을까. 한국에서
챙겨간 쨍한 파랑과 노랑이 섞인 티포인트 카드는 집어던지고
은은하게 반짝이는 흰색에 한자로 '츠타야 서점(蔦屋書店)'이라고
쓰인 카드를 재발급 받았다. 백 엔의 수수료를 냈지만 아깝지 않을
만큼 자주 찾을 것 같았다.

다이칸야마 츠타야 서점의 여운은 생각보다 금세 사라졌다.
아침 일찍 가도 한밤중에 가도 복닥복닥하고 책을 읽는 사람보다
서점을 구경하는 사람이 더 많은 다이칸야마보다는 조금은 외진
후타코타마가와에 있는 츠타야 가덴(蔦屋家電)에 마음을 빼앗겼기
때문이다. 도쿄와 가나가와의 경계를 흐르는 강 다마가와는 탁 트인
풍경이 그리울 때 종종 찾던 장소였다. 역에서 걸어서 3분 거리의
쇼핑몰에 입점한 츠타야 가덴은 강가에 있어 테라스에 앉으면

상쾌한 강바람이 뺨을 간질였다. 론리플래닛 전용 서가는 반가웠고 드라마에서만 보던 스메그 냉장고는 신기했다. 츠타야 가덴은 그야말로 '어른의 놀이터'였다.

2016년 말에는 나카메구로에 츠타야 서점이 생겼고 2017년 4월에는 긴자에도 츠타야 서점이 문을 열었다. 책은 물론이거니와 서점이라는 공간 자체를 사랑하는 사람에게는 츠타야 서점의 야무진 발걸음이 고맙기만 하다. 다시 도쿄에 가면 츠타야 서점들만 돌아보아도 꽉 찬 시간을 보낼 수 있을 것 같은 기분 좋은 예감이 든다.

걸어서 함께 찾아가기 좋은

나카메구로, 에비스,
다이칸야마의
동네책방들

나디프 아파트 (NADiff a/p/a/r/t)

건물 전체가 갤러리로 예술, 건축, 사진 관련
서적이 충실한 곳

ⓐ 도쿄도 시부야구 에비스
   1-18-4 나디프아파트 1층
   (東京都渋谷区恵比寿 1-18-4 NADiff
   A/P/A/R/T1F)
ⓣ 03-3446-4977
ⓞ 12:00~20:00
ⓓ 월(공휴일인 경우 영업, 다음날 휴무)
ⓗ www.nadiff.com

다이칸야마 티사이트 츠타야 서점
(代官山 T-SITE 蔦屋書店)

츠타야 서점 돌풍의 시발점

ⓐ 도쿄도 시부야구 사루가쿠초 17-5
   (東京都渋谷区猿楽町 17-5)
ⓣ 03-3770-2525
ⓞ 7:00~26:00
ⓗ real.tsite.jp/daikanyama/ (영어 제공)

카우북스(COW BOOKS)

잡지 〈생활의 수첩〉 편집장이 운영하는 책방

ⓐ 도쿄도 메구로구 아오바다이 1-14-11
   (東京都目黒区青葉台 1-14-11)
ⓣ 03-5459-1747
ⓞ 12:00~20:00
ⓓ 월(공휴일인 경우 영업)
ⓗ www.cowbooks.jp
   (일부 정보 영어 제공)

책방지기들의 비밀 아지트

나카메구로,
에비스 편

"일본과 유럽의 빈티지 가구나 도구를
파는 '타미제'에 한번 가 보세요.
가게 주인 요시다 씨의 심미안이 십분
발휘된 매장은 정말 아늑하고 포근해요."
포스트의니시키다키코

나카메구로

부젠도(豊前房)
깔끔한 맛의 우동 전문점
ⓐ 도쿄도 메구로구 히가시야마 1-11-15
　(東京都目黒区東山1-11-15)
ⓣ 03-3710-5425
ⓞ 화~토 11:45~14:30/18:00~22:30
ⓓ 월, 넷째일
ⓗ www.buzjenbo.com

알래스카쯔바이(Alaska zwei)
채식 메뉴가 잘 갖춰진 카페
ⓐ 도쿄도 메구로구 히가시야마
　2-5-7(東京都目黒区東山2-5-7)
ⓣ 03-6425-7399
ⓞ 11:30~21:00(화~18:00, 금~22:30)
ⓓ 수

트래블러스 팩토리
(TRAVELER'S FACTORY)
기록하는 여행자를 위한 문구점
ⓐ 도쿄도 메구로구 가미메구로 3-13-10
　(東京都目黒区上目黒3-13-10)
ⓣ 03-6412-7830
ⓞ 12:00~20:00
ⓓ 화(공휴일인 경우 영업)
ⓗ www.travelers-factory.com

에비스

타미제(tamiser)
일본과 유럽의 빈티지 제품을 파는 잡화점
ⓐ 도쿄도 시부야구 에비스 3-22-1
　(東京都渋谷区恵比寿3-22-1)
ⓣ 03-6277-2085
ⓞ 11:00~19:00
ⓓ 월
ⓗ tamiser.com

야마타네 미술관(山種美術館)
일본 최초의 일본 미술 전문 미술관
ⓐ 도쿄도 시부야구 히로오 3-12-36
　(東京都渋谷区広尾3-12-36)
ⓣ 03-5777-8600
ⓞ 10:00~17:00
ⓓ 월(공휴일인 경우 개관, 다음날 휴관), 연말연시
ⓗ www.yamatane-museum.jp

쿠프란(couperin)
유럽 빈티지 제품 전문 잡화점
ⓐ 도쿄도 시부야구 에비스미나미 2-15-6
　그린힐스 3층(東京都渋谷区恵比寿南2-15-6
　greenhills3F)
ⓣ 03-6452-2611
ⓞ 11:30~19:00
ⓓ 월(공휴일인 경우 영업, 다음날 휴무)
ⓗ couperin.net

휘르토피에르(filtopierre)
디저트와 와인을 즐길 수 있는 카페
ⓐ 도쿄도 시부야구 에비스미나미 2-15-6
　그린힐스 3층(東京都渋谷区恵比寿南2-15-6
　greenhills3F)
ⓣ 03-6452-2631
ⓞ 11:30~20:00
ⓓ 월(공휴일인 경우 영업, 다음날 휴무)
ⓗ filtopierre.net

ⓐ 주소 / ⓣ 전화 / ⓞ 영업시간
ⓓ 정기휴일 / ⓗ 홈페이지

유라쿠초
有楽町

마루노우치
丸の内

긴자
銀座

한때 은화주조소가 있던 긴자는 도쿄에서 땅값이 가장 비싼 동네다. 지금은 명품 매장으로 가득찬 그 긴자 주변에 새로운 시도를 하는 작은 책방들이 속속 생겨나고 있다. 건강한 출판생태계를 응원하는 무지북스 역시 반갑다. 작은 책방과 대형 서점이 사이 좋게 어깨를 나란히 하고 걷는 모습이 마냥 부럽기만 하다.

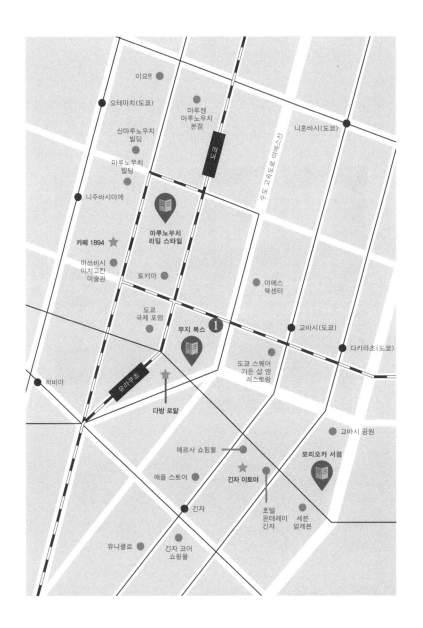

이요!!

오테마치(도쿄)

마루젠 마루노우치 본점

니혼바시(도쿄)

신마루노우치 빌딩

마루노우치 빌딩

긴카

수도 고속도로 야에스선

니주바시마에

마루노우치 리딩 스타일

카페 1894

미쓰비시 이치고칸 미술관

토키아

야에스 북센터

도쿄 국제 포럼

무지 북스 ①

교바시(도쿄)

다카라초(도쿄)

히비야

유라쿠초

도쿄 스퀘어 가든 샵 앤 레스토랑

다방 로얄

교바시 공원

메르사 쇼핑몰

모리오카 서점

애플 스토어

긴자 이토야

긴자

호텔 몬테레이 긴자

세븐 일레븐

유니클로

긴자 코어 쇼핑몰

유라쿠초/마루노우치/긴자

책으로 말하는 무인양품

무지 북스(MUJI BOOKS)

©MUJI BOOKS

주소	도쿄도지요다구마루노우치3-8-3인포스유라쿠초1~3층
	(東京都千代田区丸の内3-8-3インフォス有楽町1~3F)
전화번호	03-5208-8241
영업시간	10:00~21:00
찾아가는길	JR야마노테선, 케힌토호쿠선유라쿠초역교바시출구,
	지하철유라쿠초선유라쿠초역D9출구로나오면바로
홈페이지	www.muji.com/jp/mujibooks

한국에서도 마찬가지지만, 여행을 가서도 쇼핑을 거의 하지 않는다. 어깨를 누르는 배낭의 무게가 오롯이 삶의 무게로 느껴지기 때문이다. 처음에는 이것저것 참 많이도 챙겨갔지만 이제는 두세 달의 여행이라도 배낭 무게가 10킬로그램이 넘지 않아 수하물 접수를 할 때 승무원이 깜짝 놀랄 정도. 그런 내가 완벽하게 무장 해제 되는 장소가 무인양품이다. 엄청 비싼 물건을 사는 것도 아닌데 나무주걱, 지워지는 볼펜, 유기농 면으로 만든 속옷 등 생필품을 장바구니에 담다 보면 어김없이 예산을 초과하곤 한다. '그래도 다 쓸모가 있을 거야'라는 생각으로 낑낑대며 들고 오면 정말 모든 물건이 자리를 찾아가 제 역할을 한다. 지금까지 한 쇼핑은 완벽하게 성공적이어서 돈 아깝다는 생각을 한 적은 한 번도 없다.

도쿄에 가면 항상 들르는 메밀국수 가게가 있다. 유라쿠초 역 근처에 있는 작은 가게다. 더 비싼 메밀국수도 먹어 봤지만 일본에서 처음으로 먹어 본 메밀국수라 그런지 도쿄에 갈 때마다 찾고는 한다. 10년 동안 주인도 맛도 변하지 않은 그 가게에서 후루룩 국수를 먹고 소화도 시킬 겸 무인양품 유라쿠초점에 갔다.

유라쿠초점은 일본 국내 매장 중 면적이 제일 넓어서 무인양품을 좋아하는 사람에게는 하루 종일 있어도 지루할 틈이 없는 놀이공원이다. 그 유라쿠초점에 2015년 9월 '무지 북스'가 들어왔다. 무인양품 안에 서점이 어떻게 녹아들어 갔을지 도저히 그림이 그려지지 않았지만 무인양품이 고른 책이라면 분명 좋은 책일 것이라는 믿음만은 있었다.

© MUJI BOOKS

7천5백 종류의 상품과 책의 만남

"저 책장 뭐야! 갖고 싶어!"

에스컬레이터를 타고 2층으로 올라가자마자 감탄사가 나왔다. 아직 서가 구성은 살펴보지 않았지만 2층에서 시작해 3층까지 곡선으로 이어지는 서가 하나만으로도 합격. 역시 무인양품은 날 실망시키지 않는다. 요 몇 년 사이에 서점에서 책이 아닌 다른 상품을 파는 일이 너무 당연해졌다. 취급하는 상품도 공책에서 부터 자전거, 화분까지 종류가 매우 다양한데 그런 서점의 매장 구성은 대부분 비슷하다. 요리책 옆에는 주방용품이, 여행서 옆에는 여행 가방이나 지도가 놓여 있다. 무지 북스도 마찬가지다. 여성복 옆에 패션에 관한 책을, 가구 옆에 인테리어에 관한 책을 뒀다. 하지만 무지 북스만의 다른 점은 먼저 책이 있고 그에 맞는 상품을 가져다 놓은 식이 아니라 상품이 먼저 있고 그에 맞는 책을 가져다 놓았다는 사실이다. 무인양품은 자그마치 7천5백 종류의 상품을 판매한다.

상품으로서의 '책'

무인양품의 운영 주체인 '양품계획(良品計画)'은 전 세계에 7백 개 이상의 매장을 갖고 있고 2천억 엔이 넘는 매출액(2015년 2월 기준)을 올리는 대기업이다. 대형 언론사의 취재요청도 많을 텐데 외국에서 온 일개 여행 작가의 취재에 응해 줄까? 거절해도 상처받지 말자고 마음을 단단히 먹고 연락했는데 웬걸. 양품계획의 홍보 담당자 세키 미즈호(関瑞穂) 씨는 처음 전화 통화를 할 때부터 취재를 마치고 매장을 나서는 순간까지 친절하고 사려 깊게 챙겨줬다. 그리고 매장에서 만난 무지 북스 매니저 시미즈 요헤이(淸水洋平) 씨는 모든 질문에 신중하고 꼼꼼하게 대답했다. 두 사람과 함께 개점 전의 무지 북스 매장을 둘러볼 수 있었다.

"사실 책은 무인양품에서 판매하는 다른 모든 상품과 완전히 정반대의 성격을 띄고 있어요. 무인양품의 상품은 만든 사람의 얼굴이 보이지 않아요. 하지만 책은 저자와 출판사가 확실하게 드러나 있죠. 게다가 책은 디자인이 모두 다 제각각이에요. 매장을 둘러보면 아시겠지만 무인양품의 상품은 일정한 흐름과 통일감이 있어요. 처음엔 책을 진열하면 매장이 슈퍼마켓처럼 보이지는 않을까 걱정을 많이 했습니다."

시미즈 씨의 말대로 책은 무인양품에 어울리지 않는 상품인지도 모른다. 책이 안 팔린다는 소리는 내가 어릴 때부터 귀에 못이 박히도록 들었으니 돈이 되는 상품도 아니다. 굳이 매장 전체를 리뉴얼하면서까지 책을 팔 필요가 있었을까.

"저희는 소비자에게 말을 많이 하지 않습니다. 여기 유기농 면으로 된 속옷이 있어요. 좋은 소재로 만들었지만 그 사실을 구구절절 설명하지 않아요. 그럼 소비자는 뭐가 좋은지, 왜 좋은지 알지 못해요. 그때 상품 옆에 놓여 있는 책이 저희 대신 손님에게 말을 거는 거예요. 책은 미디어이자 통로이기도 합니다."

시미즈 씨의 한마디 한마디에는 책에 대한 애정과 신뢰가 듬뿍 묻어났다. 그의 말처럼 무인양품의 광고는 참 담백하다. 사진 한 장, 문장 한 줄이 고작이다. 24시간 정보에 둘러싸여 사는 현대인에게 무인양품의 광고는 일종의 비움이다. 하지만 정보에 익숙해져 있기에 더 많은 정보를 원하는 역설. 검증되지 않은 정보가 넘쳐나는 와중에 책에서 얻는 정보라면 아직까지는 믿을 만하다. 종이에 인쇄된 글자와 사진은 소란스럽지 않다.

무인양품의 가치를 담은 서가

오픈을 앞두고 책을 고르는 일은 '편집공학연구소'의 소장이자 〈독서의 신〉의 저자인 마쓰오카 세이고(松岡正剛)가 맡았다. 그는 요리에서 사용하는 조미료 '사시스세소(さしすせそ, 설탕·소금·식초·간장·된장의 히라가나 표기에서 한 글자씩 가져와 조합)'에서 아이디어를 얻어 '일상생활의 사시스세소'를 바탕으로 서가를 채웠다. '사'

는 책(きつ), '시'는 음식(しょく), '스'는 소재(す), '세'는 생활과 인생(せいかつ, じんせい), '소'는 옷(ふくそう). 이 분류가 서가 구성의 바탕이 되었다. 이것과는 별도로 '○○과 책', '책 사람', '세 권의 책' 등 적당한 변주를 통해 손님이 새로운 책과 만날 수 있도록 돕는다.

"사실 지난주 토요일에 사전 조사 겸 미리 들렀어요. 온 김에 이번 달 잡지를 몇 권 사려고 했는데 아예 취급을 안 하는 잡지가 있어서 좀 놀랐어요."

"무슨 잡지요? 〈앙앙 an an〉이요? 굳이 무지 북스에서 사지 않아도 되는 책이라 갖다 놓지 않았어요. 저희는 도매상을 통해서 책을 받지만 스태프들이 고른 책만 주문을 해요. 이른바 '화제의 신간'이라고 해도 색깔이 맞지 않으면 들여놓지 않습니다. 그리고 새로 나온 책의 개념도 조금 달라요. 출간된 지 얼마 안 된

©MUJI BOOKS

책이 아니라 '무지 북스에서 처음 소개하는 책'이 저희에겐 새로 나온 책이에요."

무인양품이기에 가능한 몇 가지 일

다른 서점과 마찬가지로 무지 북스에서도 여러 가지 이벤트를 연다. 유라쿠초점에서 열렸던 이벤트 중 특히 호응이 좋았던 것은 〈매일의 미소시루 每日のお味噌汁〉 출간 기념회였다. 일반 독자뿐만 아니라 관련 업종 종사자까지 참석해서 꽤나 전문적인 이야기가 오갔다고 한다.

"호기심을 간질이는 것으로 충분해요. 더 깊게 알고 싶은 손님은 전문적으로 알려주는 곳을 찾아가면 됩니다. 앞으로는 지방의 특산품이나 토착 산업과 책을 엮어 이벤트를 진행해 보고 싶어요. 그 지방의 장인도 모시고요."

무지 북스 매장은 아직 열 개도 안 되지만 무인양품 매장은 일본 전국에 4백여 개나 된다. 이 세상에 있는 책의 수만큼 책의 가능성은 무궁무진하다. 미소시루에 대한 책이 있는가 하면 나무로 가면을 깎는 사람에 대한 책도 있고 억새로 바구니를 엮는 법에 대한 책도 있다. 지역의 특색을 잘 살린 이벤트는 겨우 숨이 붙어 있는 토착 문화를 되살릴 수 있을지도 모른다.

건강한 출판생태계를 만들기 위해

〈나는 고양이로소이다〉의 문고본은 많은 출판사에서 나왔다. 어차피 내용이 똑같으니까 어떤 출판사의 책이어도 별 상관없다는 사람도 있지만 일부러 종이책을 사는 사람은 종이의 질감, 책의 무게 등에 조금 더 신경을 쓰게 마련이다. 그리고 그 형태는 출판사마다 다르다.

"책이라는 상품의 생산자는 저자, 소비자는 독자라고 생각하기 쉬운데 맞는 말이지만 틀린 말이기도 해요. 책 표지에는 반드시 출판사의 이름이 쓰여 있습니다. 똑같은 문고본이라도 '신초 문고(新潮文庫)'에서 나온 건 책머리가 까슬한데 이 감촉을 좋아하는 사람도 있어요."

이벤트를 할 때는 저자와 출판사를 함께 소개하고 작은 출판사의 책과 독립출판물을 가져와 눈에 잘 띄는 곳에 진열한다. 2016년 5월에 문을 연 무지 북스 센다이 로프트점에는 도호쿠 지방에서 나온 독립출판물만 모아 놓은 서가가 따로 있다. 자금 여유가 있는 무지 북스가 건강한 출판생태계를 만들기 위해 하는 일이다.

일본어, 영어, 중국어, 한국어의 순서로 개점 안내방송이 흘러나왔다. 대화에 집중하느라 몰랐지만 한참 전부터 배경음악이 흐르고 있었다. 나폴리 출신의 아티스트 조 바르비에리(Joe Barbieri)의 '레제라(Legera)'. 뜨거운 태양을 피해 매장으로 들어왔을 때 적당히 가라앉은 목소리가 주위의 온도까지 낮춰줄 것 같다.

"그런데 〈앙앙〉 결국 어디서 사셨어요? 편의점?"

"아니요. 바로 맞은편에 '산세이도 서점(三省堂書店)' 있잖아요!"

대화 내내 조용하던 세키 씨가 임시출입증을 반납하며 결국 웃음을 터뜨리고 말았다.

걸어서 함께 찾아가기 좋은

유라쿠초, 마루노우치, 긴자의 동네책방들

책방지기들의 비밀 아지트

유라쿠초, 마루노우치, 긴자 편

마루노우치 리딩 스타일 (MARUNOUCHI READING STYLE)

어른들의 지적 호기심과 장난기를 자극한다는 콘셉트로 새로운 독서 생활을 제안한다. 책과 잡화, 카페가 결합된 편집숍으로 최근 떠오르는 핫플레이스다.

ⓐ 도쿄도지요다구마루노우치2-7-2 키테 4층 (東京都千代田区丸の内 2-7-2KITTE4F)
ⓣ 03-6256-0830
ⓞ 11:00~21:00(일, 공휴일 20:00)
ⓗ www.readingstyle.co.jp

모리오카 서점 (森岡書店)

한번에 한 권만 파는 서점

ⓐ 도쿄도주오구긴자1-28-15스즈키 빌딩 1층 (東京都中央区銀座1-28-15 鈴木ビル1F)
ⓣ 03-3535-5020
ⓞ 13:00~20:00
ⓓ 월

긴자 이토야 (G.Itoya)

일본을 대표하는 문구 전문점

ⓐ 도쿄도주오구긴자2-7-15 (東京都中央区銀座2-7-15)
ⓣ 03-3561-8311
ⓞ 10:00~20:00(일, 공휴일 19:00)
ⓗ www.ito-ya.co.jp

다방 로얄 (喫茶ローヤル)

1970년대의 느낌이 오롯이 남아 있는 카페

ⓐ 도쿄도지요다구유라쿠초 2-10-1 도쿄교통회관지하 1층 (東京都千代田区有楽町2-10-1 東京交通会館B1F)
ⓣ 03-3214-9043
ⓞ 평일 8:00~20:30/주말, 공휴일 11:00~18:30

카페 1894 (Cafe 1894)

미쓰비시 1호관 미술관 안에 있는 카페

ⓐ 도쿄도지요다구마루노우치 2-6-1 마루노우치 브릭스퀘어 미쓰비시 1호관 미술관 내 (東京都千代田区丸の内 2-6-1丸の内ブリックスクエア 三菱一号館美術館内)
ⓣ 03-3212-7156
ⓞ 11:00~23:00
ⓗ mimt.jp/cafe1894

ⓐ 주소 / ⓣ 전화 / ⓞ 영업시간
ⓓ 정기휴일 / ⓗ 홈페이지

빌딩숲 구석구석
개성 넘치는 책방들

新宿/
池袋

높은 고층 건물로 빽빽한 차가운 빌딩숲 속에서도 저만의 뜨거운 열기로 반짝이는 책방을 발견할 수 있다. 바보처럼 우직하게 한 우물만 파는 사람도 있고, 엉뚱한 아이디어로 독자를 불러 모으는 사람도 있다. 손에서 손으로 책을 건네받을 때 책을 향한 뜨거운 마음도 함께 건너온다. 각자의 개성이 넘치는 책방들의 문턱을 넘다 보면 빌딩숲 안에 살아 가는 사람들이 비로소 자세히 보이는 것만 같다.

신주쿠/
이케부쿠로

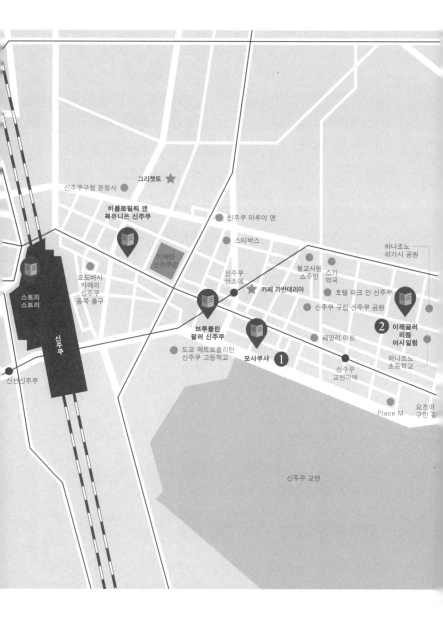

신주쿠구청 본청사
그리젯토 ★

비블로필릭 앤
북유니온 신주쿠
신주쿠 마루이 맨

스타벅스

이세탄
신주쿠점

스토리
스토리

요도바시
카메라
신주쿠
동쪽 출구

불교사원
쇼주인
스기
약국

신주쿠
산초메
카페 라반데리아
호텔 파크 인 신주쿠

하나조노
히가시 공원

신주쿠
브루클린
팔러 신주쿠
신주쿠 구립 신주쿠 공원

이레귤러
리듬
어사일럼

패밀리 마트

2

신선신주쿠

도쿄 메트로폴리탄
신주쿠 고등학교

모사쿠샤

1

신주쿠
교엔마에

하나조노
초등학교

Place M

요츠야
구민 홀

신주쿠 교엔

신주쿠
新宿

낚시 문화 박물관 ●

★ 도쿄 장난감 미술관

소방 박물관 ●

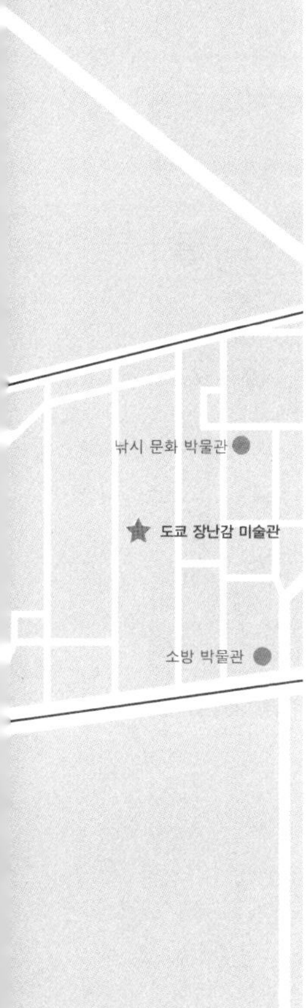

대도시 도쿄의 모습을 가장 잘 보여주는 동네는 바로
신주쿠가 아닐까. 낮은 층수의 주택이 옹기종기 모여
있는 모습이 익숙한 도쿄에서 고층 빌딩의 비율이
가장 높은 동네. 그 고층 빌딩에 파묻힌 가부키초와
골든가이는 빌딩에 갇혀 있던 샐러리맨이 퇴근한
후에야 불을 밝힌다. 그 거리 어딘가에서 심야식당의
마스터가 기다리고 있을 것만 같다. 넘치는 사람,
넘치는 건물들 속에서 각양각색의 사연을 품은
책방들을 만나 보자.

표현의 자유를 존중하는 곳

모사쿠샤(模索舍)

주소	도쿄도 신주쿠구 신주쿠 2-4-9(東京都新宿区新宿2-4-9)
전화번호	03-3352-3557
영업시간	11:00~21:00/ 일 12:00~20:00
찾아가는길	JR 야마노테 선, 사이쿄 선, 쇼난신주쿠라인, 주오 선 신주쿠 역 동남 출구에서 걸어서 8분 또는 지하철 마루노우치 선, 후쿠토신 선, 도에신주쿠 선 신주쿠산초메 역에서 걸어서 5분 또는 지하철 마루노우치 선 신주쿠교엔마에 역에서 걸어서 5분
홈페이지	www.mosakusha.com

사실 참 많이 고민했다. 도쿄에서 가장 휘황찬란한 거리 신주쿠에서 40여 년, 재판과 경영 위기를 겪으면서도 철저히 비주류를 고집해 온, 오늘 당장 없어져도 이상할 것 하나 없는 작은 책방 '모사쿠샤'. 이 책방을 소개해야 할지 말아야 할지.

도쿄에는 멋진 책방과 서점이 많다. 사진집, 화보 등 눈이 즐거운 책들로 진열한 화려한 서가, 깔끔한 인테리어, 귀여운 잡화, 특별한 전시, 아늑한 공간에서의 커피 한 잔, 하지만 이 모든 것이 모사쿠샤에는 없다. 그럼에도 불구하고 나는 왜 여기까지 왔는가. 왜 이 공간의 역사를 경이로이 여기고 앞으로도 계속 같은 자리에 있어 주길 바라는가. 책방 하나 소개하는데 뭐가 이리 거창하냐 싶지만 결국 표현의 자유에 대한 갈망이 이곳에 담겨 있기 때문이다. 모사쿠샤의 지난한 세월은 표현의 자유를 지키기 위한 시간이었다. 이런 공간이 우리나라에도 생겼으면 좋겠다는 바람을 담아 오랜 고민 끝에 모사쿠샤에 대해 이야기하기로 마음먹었다.

빌딩과 사람 사이에 숨은 작은 책방

신주쿠 빌딩숲의 허파가 되어 주는 신주쿠 교엔. 도심 한복판에 이토록 잘 가꾸어진 초록 정원이 있다는 사실이 얼마나 부러운 일인지. 나른한 4월 봄날, 벚꽃이 가득 달린 가지가 연못에 드리웠다. 그 너머로 일본 이동통신 회사인 NTT 도코모 요요기 빌딩의 첨탑이 하늘을 찌를 듯했다. '내가 지금 신주쿠에 와 있구나' 실감하는 순간이다.

삼삼오오 벚꽃구경을 가는 사람들의 눈에는 모사쿠샤가 보이지 않는다. 신주쿠 교엔의 입구에서 1분도 채 걸리지 않는 곳에 위치한 작고 허름한 이 책방은 높은 빌딩의 화려함에 묻히고 초록의 화사함에 가려졌다. 나도 봄의 기분을 만끽하고 싶어 애써 모사쿠샤를 외면했다.

비가 내려도 주말의 신주쿠는 사람으로 넘쳐났다. 지하 통로만 잘 이용한다면 굳이 우산을 펼칠 일도 없다. 밖으로 나오니 지나다니는 사람이 눈에 띄게 줄어들었다. 신주쿠 역과 바로 이어지는 대형서점은 발 디딜 틈 없이 붐볐는데 모사쿠샤의 상황은 어떨까. 걱정하며 들어섰는데 다행히도 썰렁하지는 않았다.

길고 험난했던 40여 년

모사쿠샤는 1970년부터 지금까지 40년 이상 신주쿠를 지켜왔다. 당시 학생 운동을 하던 이들은 자신들이 만든 소책자를 그 어느 서점에서도 받아주지 않자 호기롭게 스스로 책방을 만들었다. 처음에는 책방이자 모임의 장소로 이용하고자 카페도 같은 공간에 두었다. 그런데 모두들 한 번 앉으면 도통 자리를 뜨지 않았다. 회전율이 너무 안 좋아 카페는 1년 후에 폐업했고 책방으로만 한 자리에서 47년. 모사쿠샤는 개점 때부터 지금까지 '모든 표현물'을 아무 심사 없이 받아들이고 있다. 자신들과 반대 의견을 가지고 있는 표현물이라도 상관없다. 전단지든 소책자든 티셔츠든 음반이든 비디오든 형태도 상관없다. 이 방침은 1972년 시작된 일련의 재판으로 더욱 확고해졌다. 그해 7월 〈오모시로한분 面白半分, 해석하면 '반장난'〉이라는 잡지가 외설문서로 적발됐다. 〈오모시로한분〉 복사본을 매장에 뒀던 모사쿠샤는 '외설문서 판매' 죄를 뒤집어썼다. 이 사건을 '포르노 퇴출'이라는 구실을 내건 사상탄압으로 받아들인 모사쿠샤는 재판으로 시시비비를 가리기로 했다. 도쿄지방법원의 유죄 판결과 항소, 그리고 도쿄고등법원의 항소기각으로 유죄 확정. 자그마치 7년에 걸친 길고 긴 싸움은 결국 패소로 끝났다.

그 어떤 표현물도 심사 없이

"존폐의 위기였죠. 그런데 지금은 그때보다 더 힘들어요. 겨우 버티고 있습니다."

두 명의 손님이 각각 출판사에서 나온 책과 독립출판물을 사고 나간 후에 스태프인 에노모토 사토시(榎本智至) 씨가 담담하게 말했다.

"1970년대랑 지금이랑 가장 크게 달라진 점이요? 역시 인터넷의 보급이에요. 지금은 SNS에 글을 올리면 엄청나게 빠른 속도로 퍼져 나가잖아요. 그 시절에는 자신의 생각을 표현하기 위한 통로가 인쇄물밖에 없었어요. 신문이나 방송에서 다뤄 주지도 않았고요. 다들 다른 사람이 읽어 줬으면 좋겠다는 생각으로 인쇄물을 만들어서 모사쿠샤에 두고 가는 거였죠."

시대의 변화에도 모사쿠샤의 특별함은 퇴색되지 않는다. 우리는 온라인상에서도 검열을 당한다. 하지만 모사쿠샤는 지난 47년간 그 어떤 상황에서도 '심사 없이 모든 표현물을 받는다'는 소신을 굽힌 적이 없다. 예전에는 정치, 사상 관련 표현물이 많이 들어왔고 요새는 젠더, 원전, 환경 문제에 대한 표현물이 많이 들어온다고 한다. 지금은 독립출판물 뿐만 아니라 출판사에서 나온 책도 필요하다면 직거래를 통해 받아 온다. 여전히 도매상

은 이용하지 않는다.

긴 시간은 서가에 고스란히 묻어난다. 군사, 빈곤, 원전, 노동 운동 등 조금은 무거워 보이는 주제와 영화, 여행, 커피 등 가벼운 주제가 함께한다. 한 장짜리 전단지부터 〈좌익·민족파 조직총람 左翼·民族派組織総覧〉이라는 제목에 두께가 10센티미터는 족히 되어 보이는 책도 있고 장바구니까지 있다.

우리만의 모색사를 바라며

"여전히 인쇄물로 자신의 의견을 표현하고 싶어 하는 사람이 많다고 믿어요. 그런 사람들이 있는 이상 모사쿠샤는 없어지지 않을 겁니다."

재정 상황이 좋지 않다고 말하면서도 에노모토 씨는 모사쿠샤의 50주년을 준비하고 있었다. 모사쿠샤에 조금이라도 보탬이 되었으면 하는 바람으로 책을 한 권 사 들고 나왔다. 아침부터 세차게 쏟아지던 빗줄기는 조금 잦아들었다. 외관 사진을 찍기 위해 길을 건넜다. 두 여성이 지나가다 말고 열린 창문으로 모사쿠샤의 실내를 살펴봤다. 그리고 잠깐 고개를 갸우뚱하더니 금세 바쁜 걸음을 재촉했다.

'국경 없는 기자회'에서는 매년 세계 언론자유지수를 발표한다. 일본도 좋은 성적은 아니지만 우리나라는 한때 30위까지 올라갔다가 점점 나빠져 70위까지 떨어졌다. 지금의 대한민국에서 과연 모사쿠샤와 같은 공간이 유지될 수 있을까?

우리만의 '모색사(模索舍)'는 아직 멀기만 하다.

일본 최고의 인포숍

이레귤러 리듬 어사일럼
(IRREGULAR RHYTHM ASYLUM)

주소	도쿄도 신주쿠구 신주쿠 1-30-12 302호
	(東京都新宿区新宿 1-30-12 302)
전화번호	03-3352-6916
영업시간	13:00~20:00
정기휴일	월, 수
찾아가는길	JR 야마노테선, 사이쿄선, 쇼난신주쿠라인, 주오선 신주쿠역
	동남 출구에서 걸어서 10분 또는 지하철 마루노우치선, 후쿠토신선,
	도에신주쿠선 신주쿠산초메 역에서 걸어서 5분 또는
	지하철 마루노우치선 신주쿠교엔마에 역에서 걸어서 5분
홈페이지	ira.tokyo

모사쿠샤의 에노모토 씨 추천으로 오긴 왔는데 들어가기가 망설여졌다. 비가 와서 시간이 좀 지체됐지만 모사쿠샤를 끝으로 예정된 하루 일정을 마친 상태였다. 에노모토 씨가 미리 전화를 해 놓지 않았다면 '비도 오는데, 길도 모르는데 굳이' 하면서 숙소로 돌아갔을 터였다. 초행인데 번지만 나온 주소를 보고 찾아가는 게 쉬울 리가 없었다. 재빨리 지하철역으로 들어가 와이파이 신호를 잡아 지도 검색을 했다. 다행히 역에서 그다지 멀지 않았다.

낯선 골목으로 들어갔다. 신주쿠의 뒷골목은 생각보다 밝고 깨끗했다. 카페 겸 꽃집의 화분은 비를 맞아 더욱 싱그러운 초록으로 빛났다. 이런 골목에 책방이라니. 귀찮은 마음은 사라지고 기대로 부풀었다. 이 기대가 망설임으로 변하기까지는 5분도 채 걸리지 않았지만 에노모토 씨를 믿어보기로 했다. 모사쿠샤는 아주 훌륭한 책방이니까.

인포숍을 아시나요

'인포숍(infoshop)'이라는 단어를 들었을 때 가장 먼저 떠올린 것은 관광안내소였다. 나중에 알아보니 경제 용어로도 사용되고 있었지만 나에게는 역시 여행 용어가 친숙하다. '이레귤러 리듬 어사일럼(이하 IRA)', 굳이 해석하자면 '불규칙한 리듬 수용소'라는 뜻의 아주 수상한 이름을 가진 이 가게의 정체가 바로 인포숍이다. 경제나 여행이랑은 아무 상관도 없어 보인다. 아니 어쩌면 매우 밀접한 관계일지도 모른다. 자본주의에 반대하는 사람,

공정여행을 지향하는 사람 등 자신의 목소리를 내는 정말 다양한 이들이 IRA에 모인다. 요컨대 모든 것을 담을 수 있는 그릇이다. 기득권 세력의 폭력에 저항하고 주류에 편승하지 않는 모든 것을.

인포숍은 공원이나 광장 등 사람들이 자유롭게 모여 정보 교환을 할 수 있는 공공장소가 점점 사라지면서 나타났다. 정보와 사람이 모이는 공간이지만 그렇다고 정보를 파는 곳은 아니다. 일단 상업 시설이기는 하다. 카페, 술집, 옷가게 등 여러 가지 형태를 띨 수 있는데 IRA는 그 형태가 책방이다. 인포숍에서는 돈을 쓰지 않아도 눈치 볼 필요가 없다. 벽에 다닥다닥 붙어 있는 포스터 속에서 다음 주에 열리는 유기농 농산물 장터에 대한 정보

만 얻고 돌아가도 아무 문제 없다. 정보를 제공하고 싶을 때는 전단지를 수북이 놓아 두고 오면 된다.

철저히 주인의 취향에 따라

"에노모토 씨한테 연락 받았어요. 잘 오셨어요!"

문턱을 넘긴 했는데 안쪽으로 들어가지 못하고 쭈뼛대는 내 모습을 발견한 나리타 게이스케(成田圭祐) 씨가 먼저 알은체를 해 줬다. 매장은 사방에 빈틈이라곤 없고 천장에도 무언가 잔뜩 매달려 있었다. 도대체 무슨 말을 하고 싶은 건지 한눈에 파악하기 힘들었지만, 이 정신없는 공간에 조금씩 적응을 하고나니 탈 원전과 반전, 자급자족, 민주주의, 공정무역, 무정부주의 등의 단어가 눈에 들어오기 시작했다. 모사쿠샤가 모든 표현물을 심의 없이 받아들이는 책방이라면 IRA는 게이스케 씨가 관심을 갖고 있는 주제의 표현물만 허용하는 책방이다.

게이스케 씨는 펑크 록 마니아다. 음악으로 자신의 정치적 견해를 표출하고 싶었지만 영 소질이 없음을 깨닫고 펑크 록과 무정부주의에 대한 독립출판물을 만들기 시작했다. IRA의 문을 연 것은 친구의 제안 덕분이었다.

"IRA는 2004년에 오픈했습니다. 그 전에는 언더그라운드에서 활동하는 펑크 록 밴드의 음반이나 독립출판물을 취급하는 유통업을 작게 하고 있었어요. 그런데 반전 집회에서 자주 만난 친구가 자기네 회사가 이번에 사무실 규모를 좀 줄일 예정이니 그 공간에서 뭐라도 해 보지 않겠냐고 하더라고요. 그래서 제가 갖고 있던 상품을 들고 와 팔기 시작했어요."

그래서인지 입구 바로 왼쪽에 음반 판매대가 있다. 책은 독립출
판물은 물론이요, 게이스케 씨가 관심을 갖고 있는 분야이거나
다른 사람에게 추천하고 싶은 책이라면 신간과 헌책을 가리지
않고 모두 가져온다. 잡화는 '사람의 손으로 만든 것'만 취급한
다. IRA에서 매주 열리는 정기 워크숍이 두 개 있는데 이 역시 손
을 움직여 무언가를 만드는 워크숍이다. 화요일엔 바느질을 하
고 목요일엔 목판화를 판다. 목판화 모임에서는 정치 메시지를
담은 거대 목판화를 여러 사람이 함께 만들고 있다. 두 모임 모
두 초보자에게 활짝 열려 있다.

일본 대표 인포숍

"IRA의 밑바닥에 깔려 있는 정신은 '스스로 하라, 난장판을 만들
어라(Do It Yourself, Create Anarchy)'입니다."

비가 오고 있는데도 계속 손님이 들어왔다. 그중 외국인의 비율
이 절반 정도라는 사실이 흥미로웠다. 대만, 프랑스, 미국 등 국적
도 다양했다. 여행 중에 들렀다는 그들은 거리낌 없이 자신의 의
견을 드러냈다. 게이스케 씨는 손님의 의견이라고 해서 무조건
동의하지는 않는다. 건전한 토론의 장, 인포숍의 존재 이유 중
하나다.

인포숍에 오는 이들의 대부분이 소수, 이른바 비주류 쪽에 가깝
다. 그래서 연대가 중요하다. 의견이 맞다면 국경은 따지지 않는
다. 여러 대중매체가 IRA를 '일본을 대표하는 인포숍'으로 소개

하고 있다. 그렇다면 게이스케 씨가 해외의 인포숍과 함께하고 싶은 일은 무엇일까. 우리나라에는 인포숍을 표방하는 공간이 없으니 작은 책방과 함께하고 싶은 일은 있을까. 대답은 의외로 온건했다.

"해외에 있는 책방의 한구석을 빌려 IRA에서 다루는 물건을 팔거나 소개하는 이벤트를 해 보고 싶어요. 서로 상대의 책방에서 그런 이벤트를 해도 좋겠어요. 서울에 갔을 때 '북소사이어티'와 '유어마인드'에 가 봤는데 IRA랑 다르게 정말 깔끔하고 세련돼서 '여기서 일일점장 해 보면 되게 행복하겠다'라고 생각했거든요."

"서울에 최근 몇 년 동안 작은 책방이 정말 많이 생겼어요! 한국 오시면 연락 주세요. 제가 안내해 드릴게요."

일이 하나 늘어 버렸지만 멍석을 깔아 준 에노모토 씨에게 새삼 고마웠다. 이렇게 나의 세계가 한 뼘만큼 더 넓어졌다.

다섯 번째 동네 - 신주쿠

걸어서 함께 찾아가기 좋은
신주쿠의
동네책방들

비블로필릭 앤 북유니온 신주쿠
(BIBLIOPHILIC & bookunion 新宿)

북스탠드 등 책에 관련된 잡화를
충실하게 갖춘 서점

ⓐ 도쿄도 신주쿠구 신주쿠
　3-17-5 가와세빌딩 3층
　(東京都新宿区新宿 3-17-5
　カワセビル 3F)
ⓣ 03-5312-2635
ⓞ 11:00~21:00
ⓗ blog-bibliophilic-bookunion-
　shinjuku.diskunion.net

브루클린 팔러 신주쿠
(Brooklyn Parlor 新宿)

책과 음악과 술의 만남

ⓐ 도쿄도 신주쿠구 신주쿠 3-1-26
　신주쿠마루이아넥스 지하1층
　(東京都新宿区新宿 3-1-26
　新宿マルイアネックス B1F)
ⓣ 03-6457-7763
ⓞ 11:30~23:30(일, 공휴일 23:00)
ⓗ www.brooklynparlor.co.jp/shinjuku

스토리 스토리(STORY STORY)

정통 서점 유린도의 스핀오프 서점

ⓐ 도쿄도 신주쿠구 니시신주쿠 1-1-3
　오다큐백화점 신주쿠점 본관 10층
　(東京都新宿区西新宿 1-1-3
　小田急百貨店新宿店本館 10F)
ⓣ 03-6911-0321
ⓞ 10:00~21:00
ⓗ www.yurindo.co.jp/storystory

신주쿠 편

책방지기들의 비밀 아지트

"저희와 사고방식과 관심사가 비슷한
가게들이 주변에 몇 개 있어요. '카페
라반데리아'에서는 종종 토크 이벤트
등을 열기도 해요. 저희 책방에 오는
분들에게 꼭 가 보라고 추천하는
장소입니다."
이레귤럼 리듬 어사일럼의
나리타 게이스케

카페 라반데리아(Café Lavandería)
자유로운 토론이 오가는 카페
ⓐ 도쿄도 신주쿠구 신주쿠 2-12-9 1층
　(東京都新宿区新宿2-12-9 1F)
ⓣ 03-3341-4845
ⓞ 14:00~22:00
ⓓ 마지막 주 이외의 월, 화
ⓗ cafelavanderia.blogspot.jp

그리젯토(グリゼット)
심야식당을 닮은 바
ⓐ 도쿄도 신주쿠구 가부키초 1-1-5
　(東京都新宿区歌舞伎町1-1-5)
ⓞ 18:00~26:00
ⓗ grisettegoldengai.blogspot.kr

도쿄 장난감 미술관
(東京おもちゃ美術館)
폐교를 새로 단장해서 연 장난감 미술관
ⓐ 도쿄도 신주쿠구 요쓰야 4-20 요쓰야 광장
　내 (東京都新宿区四谷4-20四谷ひろば内)
ⓣ 03-5367-9601
ⓞ 10:00~16:00
ⓓ 목
ⓗ goodtoy.org/ttm

ⓐ 주소 / ⓣ 전화 / ⓞ 영업시간
ⓓ 정기휴일 / ⓗ 홈페이지

좋은 동네
책방 탐사하기

이케부쿠로
池袋

● 시이나마치

한때 이케부쿠로에는 몇몇 대형서점의 본점이
있었다. 지금은 준쿠도 서점의 본점밖에 남아 있지
않아 조금은 쓸쓸하지만 너무 속상해 하지 않아도
된다. 작고 유쾌한 공간들이 그 틈새로 발을 들여놓고
있어 앞으로가 더욱 기대되니까. 대형서점도 완전히
무너지지는 않았다. 신주쿠 역에 이어 유동인구가
가장 많은 역이 바로 이케부쿠로 역이다. 이 크고
작은 공간에서 찾아낸 한 권의 책이야말로 여행길의
가장 좋은 파트너가 아니겠는가.

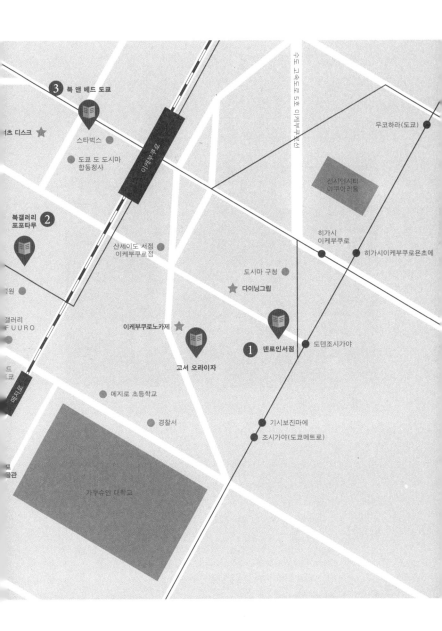

3 북 앤 베드 도쿄

츠 디스크 ★

스타벅스 ●

● 도쿄 도 도시마
합동청사

이케부쿠로선

북갤러리
포포타무 **2**

산세이도 서점 ●
이케부쿠로점

원 ●

갤러리
FUURO

드

이케부쿠로노카제 ★

고서 오라이자

메지로 초등학교 ●

경찰서 ●

가쿠슈인 대학교

관

무코하라 (도쿄) ●

선샤인시티
아쿠아리움

히가시
이케부쿠로 ●
히가시이케부쿠로욘초메 ●

도시마 구청 ●
★ 다이닝그립

1 **덴로인서점**

도덴조시가야 ●

기시보진마에 ●
조시가야 (도쿄메트로) ●

서점의 새로운 모델을 제시하다

덴로인 서점(天狼院書店)

주소	도쿄도 도시마구 미나미이케부쿠로 3-24-16 2층
	(東京都豊島区南池袋 3-24-16 2F)
전화번호	03-6914-3618
영업시간	12:00(주말, 공휴일 10:00)~22:00
찾아가는 길	JR 야마노테선, 사이쿄선, 쇼난신주쿠라인, 도부도조혼선,
	세이부 이케부쿠로 선, 지하철 마루노우치 선, 유라쿠초선, 후쿠토신 선
	이케부쿠로 역 동쪽 출구에서 걸어서 10분 또는 지하철 유라쿠초 선
	히가시이케부쿠로 역 3번 출구에서 걸어서 5분
홈페이지	tenro-in.com

가로세로의 길이가 똑같이 30센티미터인 서가 한 칸에 250쪽인 책을 빡빡하게 채운다면 열 권 정도 들어가려나. 세상에서 제일 작은 서점, '메종 드 덴로인(メゾン·ド·天狼院)'에 오신 것을 환영합니다.

'덴로인 서점'의 한쪽 벽을 차지하고 있는 서가는 한 달에 한 번 주인이 바뀐다. 정확히 말하면 서가 각 칸의 주인이 바뀐다. 각 칸에는 이름표가 붙어 있고 서가의 이름은 메종 드 덴로인, 즉 덴로인 맨션이다. 계약 기간 동안 방을 어떻게 사용할지는 완벽하게 세입자 마음대로다. 가장 평범한 방법은 자기가 좋아하는 책, 남에게 권하고 싶은 책을 가져와 세상에서 제일 작은 서점을 만드는 것. 보통의 서점에서 하듯 손으로 홍보 문구를 써서 붙여 놓아도 되고 책과 어울리는 소품을 진열해도 된다. 내가 작가 혹은 출판사 편집자라면 내가 쓴 책, 내가 편집한 책을 가져다 놓아도 좋다. 막상 빌리기는 했는데 이도저도 귀찮다면 비워 놓아도 되고 아키하바라의 피규어 판매점 진열장처럼 꾸며도 된다. 내가 추천한 책을 누군가 사 가는 경험을 해 보며 서점에서 일하는 사람의 보람을 체험할 수도 있다.

메종 드 덴로인에 입주하는 방법은 매우 간단하다. 덴로인 서점에서 한 번에 2천5백 엔 이상 구매하면 주는 '프리미엄 카드'를 제출하면 끝! 한 장부터 입주 신청이 가능하지만 장수가 많을수록 이른바 '로열층'을 얻을 확률이 높아진다.

"어, 여기 지하 1층에 무라카미 하루키 씨가 있네요?"

"출판 쪽에서 일하는 사람이 많이 드나드는데 누군가 보고 무라

카미 씨에게 알려 줬으면 해서 저희 스태프가 만든 거예요. 혹시 알아요? 이야기를 듣고 직접 찾아오실지!"

세계적으로 유명한 소설가가 내 이웃사촌이 되는 일, 메종 드 덴로인에서는 가능하다.

세상에서 제일 넓은 잡지

'이번엔 또 뭐야?'

점주인 미우라 다카노리(三浦崇典) 씨가 몇 년 동안 얼개를 짜 왔던 계획을 입 밖으로 냈을 때 덴로인 서점의 스태프들은 분명 저렇게 생각했을 것이다. 그리고 이내 마음을 고쳐먹었을 것이다.

'그래, 이번에도 해 보지 뭐.'

이케부쿠로 역에서는 걸어서 10분이 좀 넘게 걸리고 히가시이케부쿠로 역에서 내리면 좀 더 빨리 닿을 수 있는 위치, 그러니까 이케부쿠로의 중심에서 살짝 벗어난 곳에 덴로인 서점이 있다. 면적은 50제곱미터 정도로 그렇게 넓지 않다. 이 공간에서 한 달에 한 번, 세 가지 이상의 특집을 기획해 서가를 몽땅 바꾼다면? 공간이 넓지 않아서 더 곤란하다. 이것저것 다 놓을 수 없기 때문이다. 한 달이라는 한정된 기간 동안 특정 주제의 책만을 서가에 놓고 최대한 많이 팔아야 한다. 평범하게 서가를 꾸릴 때와는 비교할 수 없을 정도로 고민과 품이 필요한 일이다. 심지어 그 작업을 손님, 바로 독자들과 함께해야 한다. 스태프들끼리 지지고 볶으며 머리를 맞대면 차라리 편하련만, 손님과 만나는 자리에선 조심스러워질 수밖에 없다. 미우라 씨가 제안한 이 기획의 이름은 바로 '월간 덴로인 서점'. 과연 성공할 수 있을까?

소바 가게의 2층으로 올라가 덴로인 서점의 문을 여니 가장 먼저 '월간 덴로인 서점'의 목차가 보였다. 7월의 테마는 여름방학. '여름을 만끽할 수 있는 책', '편집부가 혼을 담아 고른 공포책 열세 권', '학년 통신, 여름방학 과제 도감'이 특집 기사다. 계산대 바로 앞, 가장 눈에 띄는 곳에 있는 평대는 '월간 덴로인 서점'의 특집 기사에서 다룬 책이 차지하고 있었다.

"편집회의에 손님도 참여한다고 들었는데 몇 명이나 오나요?"

"그때그때 다르긴 한데요. 보통 열 명 내외예요."

스태프 야마나카 나쓰미(山中菜摘) 씨는 서점을 하나의 잡지로 편집한다는 생소한 개념에 어리둥절해 있는 나에게 차근차근 진행 과정을 설명해 주었다.

월간 덴로인 서점은 미우라 씨가 시작했다. 7년 동안 대형서점에서 근무한 후 '내가 하고 싶은 거 다 할 수 있는 서점을 만들 거야!'라며 자의 반 타의 반으로 백수가 된 미우라 씨. 서점에서 하고 싶었던 일들 중 하나가 바로 '서가를 잡지의 형태로 만들어 보자!'였다. 2013년 가을에 덴로인 서점을 열고 나서 계획했던 일을 차근차근 행동으로 옮겼다. 월간 덴로인 서점의 창간호가 나오기까지는 서점이 생기고 나서도 2년 8개월이 더 걸렸다. 손님들과 편집회의를 하고 서가를 한 달에 한 번씩 바꾸는 것은 역시나 쉬운 일이 아니었다.

어른들을 위한 부활동

"한 달에 두 번 모여요. 첫 번째 편집회의에서 잡지의 테마, 특집 기사, 각 기사의 담당을 정해요. 그런 다음 담당자가 기사에 맞는 책 목록을 만들고 책을 읽습니다. 두 번째 편집회의에서는 책 목록을 모두와 공유해요. 왜 이 책을 골랐나, 어떤 기사로 만들고 싶은가 등을 포함해서요. 손님이 책 목록을 만들고 최종 결정은 저희 스태프가 하고 있어요."

두 번의 편집회의를 거쳐 완성된 잡지는 매달 첫 번째 일요일에 공개한다. 여기서 놀라운 사실 한 가지. 편집회의에 참석하는 손님이 참가 비용을 낸다는 것이다. 돈을 내고 서점 일을 도와준다니? 쉬이 이해가 되지 않는다. 책을 추천하고 싶다면 메종 드 덴

여섯 번째 동네 - 이케부쿠로

로인을 이용해도 되는데 말이다. 덴로인 서점이 주목한 부분은 책을 읽고 추천하는 경험 이상의 경험. 바로 '부활동(部活, 우리나라의 동아리 활동)'이다.

일본 중고등학생은 대부분 학교의 부활동에 참여한다. 배구, 다도, 연극 등 종류도 매우 다양하다. 학교의 강요가 아니라 학생이 스스로 자신이 하고 싶은 활동을 즐기기 때문에 부활동을 학창 시절 최고의 기억으로 꼽는 사람이 많다. 나이가 들고 세상에 치여 좋아하는 일을 할 때의 즐거움을 잊고 사는 와중에, 덴로인 서점에 가면 학생이 아니어도 참여할 수 있는 부활동이 있다는 소식이 들리는 것이다. 학창 시절에 독서부나 신문편집부였던 사람이라면 눈이 번쩍 뜨일 수밖에 없다.

월간 덴로인 서점을 만드는 손님들은 '월간 덴로인 서점 편집부' 부원이다. 편집회의를 하고 책을 읽고 기사를 구성하는 동안 열여섯, 열일곱의 나이로 돌아갈 수 있다. 편집부 외에도 덴로인 서점에는 사진부, 여행부, 글쓰기부 등이 있다.

독서 생활이 아닌 리딩 라이프

온라인 서점은 직접 무언가를 하는 경험을 제공하기 쉽지 않다. 뚜벅뚜벅 두 발을 옮겨 오프라인 서점에 와야만 경험할 수 있는 여러 가지 것들. 작가와의 만남, 낭독, 사인회, 사부작사부작 손을 움직여 무언가를 만드는 일. 그 활동이 단 한 번으로 끝나지 않고 손님들이 계속 서점으로 찾아와 책을 사도록 하는 것이 덴로인 서점의 목표다.

덴로인 서점은 이야기한다. '손님들의 리딩 라이프(reading life)를 위해 전력을 다하겠습니다!'라고. 리딩 라이프? 독서 생활쯤으로 표현해도 될 텐데 리딩 라이프라니 조금 뜬금없게 들렸다. 나의 독서 생활을 떠올려 보았다. 책을 좋아하시는 할머니 덕분에 어릴 때부터 책과 친했다. 초등학교 6학년 때 이미 독서 취향이 확고해 남의 추천 없이도 척척 잘 골라 읽었다. 독서 생활의 황금기는 고3 때. 정규 수업이 끝나면 밤 10시까지 야간 자율학습을 하던 시절이었는데 그 시간에 학교 도서관에 있는 책을 읽었다. 그때의 독서가 10년이 훌쩍 지난 지금도 내 삶에 긍정적인 영향을 미치고 있음은 말할 나위도 없다. 내게는 옷을 입고 물을 마시는 행위만큼이나 독서가 자연스러운 일상이다. 하지만 그렇지 않은 사람이 훨씬 더 많은 것이 현실이다. 책에 흥미가 없고 독서 감상문 같은 숙제를 하려고 꾸역꾸역 책을 읽은 경험이 전부인 사람이라면 독서라는 단어 자체에 거부감을 느낄 수도 있다. 그래서 미우라 씨는 '단어의 울림'이 중요하다고 말한다. 독서가 아닌 리딩 라이프라고 말하면서 독서가 갖고 있던 부정적인 이미지를 떨쳐 낼 수만 있다면 영어가 됐든 인도어가 됐든 프랑스어가 됐든 무슨 상관일까.

시작부터 평범하지 않았다

덴로인 서점의 스태프들은 처음 보는 손님에게 반드시 말을 건다. 조용히 책만 읽고 싶은 사람은 귀찮다고 느낄 수도 있지만 쭈뼛쭈뼛 서점까지 오긴 했는데 무슨 책을 읽어야 할지 모르는 사람에게 스태프가 먼저 말을 걸어 주면 손님은 편하게 물어볼 수 있다. 그렇게 덴로인 서점의 단골이 되고 나면, 글쎄 이 서점, 손님을 막 부려 먹기도 한단다. 아직은 작은 조직이라 이벤트가 예상보다 커지면 스태프가 챙기지 못하는 부분이 생기기 마련이다. 그럴 땐 어느새 단골손님이 주변 정리를 하거나 다른 손님의 이야기를 들어 주고 있다.

"저도 원래 손님이었어요!"

야마나카 씨도 언제 말려들었는지 모르겠지만 정신을 차려 보니 스태프가 되어 있었단다. 사람을 말려들게 하는 것이 미우라 씨의 특기인 것 같다. 덴로인 서점을 열기 전부터 많은 이들이 그에게 말려들었다.

크라우드 펀딩을 통한 출판은 이제 드문 일이 아니지만 서점을 여는 일은 어떨까? 회사를 그만둔 미우라 씨에게는 4백만 엔 정도의 빚이 있었다. 1년 동안 프리랜서로 일하며 빚을 전부 갚은 후 손에 남아 있던 돈은 약 70만 엔. 서점을 여는 데 들어가는 비용을 대략 천만 엔 정도로 잡고 있었기에 턱없이 부족했다. 그때 크라우드 펀딩이 번뜩 떠올랐다. 두 달 만에 102명의 투자자와 118만 엔이 모였다. 책방의, 서점의 새로운 도약을 바라는 사람이 적어도 102명은 있다는 사실이 118만 엔의 자금보다 더 큰 힘을 주었다.

다른 서점과 시작부터 달랐던 덴로인 서점은 매일매일 변화하

여섯 번째 동네 – 이케부쿠로

고 있다. 2013년 9월 도쿄, 2015년 9월 후쿠오카에 이어 2017년 1월 교토에 덴로인 서점이 문을 열었다. 교토 덴로인은 공사 현황을 홈페이지와 SNS로 공유했다. 1호점인 도쿄 덴로인 서점과 마찬가지로 개점 이전부터 손님과 소통한 것이다.

알면 알수록 빠져드는
이야기를 시작할 때 건네받은 아이스커피의 일회용 컵에 송골송골 물이 맺힐 즈음 좁은 서점에 손님이 하나둘 들어왔다. 커피를 주문하며 어제 있던 일을 나누는 걸 보니 단골이 분명했다. 덴로인 서점의 명물인 고타쓰(こたつ)에는 공부를 하는 손님이 자리를 잡았다.

"개점 시간에 들어와 폐점 시간까지 있어도 돼요. 책을 읽어도 좋고 노트북을 가져와서 작업을 해도 좋아요. 마음 편히 오래 머물 수 있는 그런 공간이길 바라요. 그래서 서점에서는 드물게 와이파이도 사용할 수 있게 해 놨어요."

계속 손님이 들어오니 이제 야마나카 씨를 놓아주어야 했다. 사진만 찍고 나가면 되겠구나 생각하고 있는데, 표지가 보이지 않게 포장된 비밀스러운 책이 눈에 불쑥 들어왔다.

"야마나카 씨! 이건 뭐예요?"

다시 야마나카 씨를 찾고 말았다.

"아 그거요! 제가 미리 말씀드렸어야 했는데. '덴로인 비밀 책(天狼院秘本)'이에요. 미우라 점주가 읽은 책 중에 비밀 책으로 소개하고 싶은 것이 있을 때 판매하는 거라 주기적으로 하는 건 아니고요. 어떤 책인지는 스태프들도 몰라요. 계산을 할 때도 무슨 책인지 알 수 없어요. 판매 기간이 지나고 나서야 무슨 책인지 손님들과 함께 알게 되죠."

이 서점, 문을 열고 들어섰을 때부터 돌아 나갈 때까지 어디로 튈지 도저히 알 수가 없다.

사람 냄새 나는 따뜻한 작은 책방

북갤러리 포포타무
(ブックギャラリーポポタム)

주소	도쿄도 도시마구 니시이케부쿠로 2-15-17 (東京都豊島区西池袋2-15-17)
전화번호	03-5952-0114
영업시간	13:00~20:00(주말, 공휴일 19:00)
정기휴일	수, 목(전시 일정에 따라 달라짐)
찾아가는길	JR 야마노테선, 사이쿄선, 쇼난신주쿠라인, 도부 도조혼선, 세이부 이케부쿠로선, 지하철 마루노우치선, 유라쿠초선, 후쿠토신선 이케부쿠로역 서쪽 출구 또는 메트로폴리탄 출구에서 걸어서 10분
홈페이지	popotame.net

한여름의 도쿄는 하루에 만 보 이상을 걷는 여행자에게 너무도 가혹하다. 깡깡 얼린 생수마저 한 시간 정도 땡볕 아래를 걷다 보면 금세 녹아 버린다. 찾아가는 길은 어렵지 않았지만 하필이면 하루 중 가장 더운 시간인 오후 3시라는 것이 문제. 더위에 지쳐 무거운 발걸음으로 겨우 목적지에 도착했다. 오랜만에 보는 옛날식 문손잡이를 돌려 얼른 시원한 실내로 들어갔다.

체구가 작은 여성이 빠릿빠릿하게 서가를 정리하고 있었다. 손이 닿지 않으면 거침없이 의자를 밟고 올라가 착착 책을 꽂아 넣었다. 좁은 매장에서 혹여나 방해가 되지 않을까 싶어 계산대 안쪽의 전시 공간으로 먼저 눈을 돌렸다. 아는 그림책의 원화를 전시하고 있어서 반가웠다. 호사카 가즈시(保坂和志)의 〈춤추는 고양이 차짱〉은 우리나라에도 번역되어 나왔다. 아직 읽지는 못했지만 그림이 정말 사랑스러워 사고 싶은 책 목록에 올려놓은 책이다. 물감의 질감이 고스란히 느껴지는 원화는 매끈한 종이 위에 인쇄되었을 때보다 훨씬 따뜻했다. 책방 속 전시 공간이 좋은 이유는 평소에 독자가 쉽게 접할 수 없는 책의 원화를 볼 수 있기 때문이다.

손에서 손으로 책을 전달하고 싶어서

그림을 충분히 보고 땀까지 식힌 후 책방 공간으로 다시 돌아왔다. 서가를 정리하던 여성은 계산대로 돌아와 서류를 살펴보았다. 서가에는 신간과 헌책과 독립출판물이 함께 놓여 있었다. 엽서, 배지 등의 잡화는 물론이요, 옷까지 판매한다. 서가에 한국

어로 된 독립출판물이 많아서 깜짝 놀랐다. 유토레히토에서 본 이후로 처음이었다. 유토레히토야 독립출판물을 주로 다루는 곳인데다가 도쿄 아트 북 페어와도 연결되어 있으니 그러려니 했지만 이케부쿠로 한구석에 있는 이 작은 책방에서 한국어로 된 책을 만나다니. 방해하고 싶지 않다는 마음을 호기심이 눌러 버렸다. 기어코 말을 걸고 말았다.

"한국어로 된 책이 있네요?"

이때 말을 걸지 않았다면 어땠을까. 책을 매개로 새 친구가 생기는 순간이었다.

오바야시 에리코(大林えり子) 씨는 우리나라의 사정에 꽤나 관심이 많았다. 작은 책방과 독립출판물, 심지어 임대인과 임차인의 관계까지.

대학 졸업 후에 여러 가지 일을 전전하던 오바야시 씨가 가장 오랫동안 한 일은 잡지 등의 매체에 글을 쓰는 프리랜서 작가였다. 인쇄 매체에 글을 쓰다가 '손에서 손으로 책을 전달하고 싶어서' 2005년 '북갤러리 포포타무(이하 포포타무)'의 문을 열었다.

지속가능한 책방의 이유

"10년 넘게 책방을 해올 수 있었던 비결이요? 무리하지 않는 거예요. 뭐든지 다 제가 하려고 했다면 이미 지쳐 나가떨어졌을 거예요."

포포타무에는 오바야시 씨 말고 스태프가 세 명이나 더 있다. 대형서점이라면 모를까 이렇게 작은 책방에 직원이라니.

"프리랜서로 창작 활동을 하는 친구들이에요. 일주일에 한 번, 세 시간 정도 일을 하니까 '고용'이라기보다는 책방 일을 도와주는 것에 가깝죠. 제가 출장을 떠나야 할 때는 세 명이 시간을 조정해서 가게를 봐주곤 해요."

적은 금액이지만 정기적으로 급여가 들어오고 일하는 시간도 스스로 조정할 수 있다. 프리랜서에게는 최고의 아르바이트 자리다. 작품을 사거나 전시 공간을 빌려주지 않아도 오바야시 씨는 이미 그들의 창작 활동을 돕고 있는 셈이나 마찬가지다. 오바야시 씨와 세 스태프는 고용인과 피고용인의 관계라기보다는 동지에 가까워 보였다. 서로에게 부족한 점을 채워 주고 고민을 들어 주고 잘못된 방향으로 가면 충고를 해 준다.

무리하지 않고 천천히, 자신이 못하는 일은 남과 함께해 온 것이 지속의 비결이라면 너무 이상적이기만 하다. 한국에서 온 내가 보기에는 건물주와의 관계도 비결 중 하나인 것 같았다. 바로 이웃에 사는 포포타무의 건물주는 10년 동안 한 번도 임대료를 올리지 않았다고 한다. 거기다 법도 임차인의 편이다.

"일본법은 임차인을 약자로 여기고 보호해 줘요. 한국에서는 장사가 잘 되면 건물주 마음대로 쫓아내거나 임대료를 턱없이 높게 올린다고 들었어요. 정말 상상도 할 수 없는 일이에요."

만드는 사람을 응원하는 사람

"전시 공간을 외국의 창작자에게 빌려주고 싶어요. 그들의 작품을 일본의 젊은이가 보고 국적을 떠나 인간 대 인간으로 만나길 바랍니다."

포포타무의 전시는 2주에 한 번꼴로 바뀐다. 전시를 한 작가의 작품은 엽서가 됐든 책이 됐든 매장에 남겨 놓고 판매한다. 전시가 끝난 직후뿐만 아니라 계속해서 쭉. 만약 작가가 다른 공간에서 이벤트를 하면 찾아가려고 노력하고 신진 작가와 편집자를 연결해 주기도 한다. 독자가 없으면 작가도 없다는 말을 참 많이 들어 왔다. 작가가 안정된 환경에서 꾸준히 좋은 작품을 만들어낼 수 있도록 돕는 것은 작가뿐만 아니라 독자 입장에서도 환영할 만한 일이다. 한때 프리랜서로 작가 활동을 했기 때문일까. 오바야시 씨는 작가가 없으면 독자도 없다는 사실을 알기에 책방이 할 수 있는 최선의 형태로 작가를 돕는다.

무리하지 않는다고 말한 오바야시 씨였지만 이야기를 나누는 와중에도 절대 손이 놀지 않았다. 손님에게 전시 설명을 하다가 택배를 받기도 하고 내가 사진을 찍으려 하면 서가 구성을 순식간에 바꿔 주었다.

밖으로 나와 책방 외관 사진을 찍는데 작은 나무 의자가 눈에 띄었다. 초등학교에 다니던 시절에 본 오래된 나무 의자 아래 빈 공간은 길고양이의 급식소였다. 오바야시 씨는 길고양이 밥까지 챙겨 주고 있나 보다. 유리 너머로 계산을 하는 오바야시 씨가 보였다. 그가 지치지 않을 만큼, 감당할 수 있을 만큼만 즐겁게 바쁘기를 바란다.

책에 둘러싸여 보내는 하룻밤

북 앤 베드 도쿄
(BOOK AND BED TOKYO)

주소	도쿄도 도시마구 니시이케부쿠로 1-17-7 르미에르 빌딩 7~8층 (東京都豊島区西池袋1-17-7ルミエールビル7~8F)
영업시간	체크인 16:00~, 체크아웃 ~11:00
찾아가는 길	JR 야마노테선, 사이쿄선, 쇼난신주쿠라인, 도부 도조혼선, 세이부 이케부쿠로선, 지하철 마루노우치선, 유라쿠초선, 후쿠토신선 이케부쿠로역 C8 출구로 나오면 바로
홈페이지	bookandbedtokyo.com (영어 제공)

거품 경제가 무너지고 65세 이상 인구 비율이 25퍼센트를 넘었다. 전 국토의 일곱 집 중 한 집이 빈집. 한때 미국의 턱밑까지 쫓아갔던 세계 제2위의 경제대국 일본의 2017년 모습이다. 기초가 튼튼한 일본 경제는 여전히 우리나라보다 사정이 좋은 듯 보이지만 최근 몇 년 사이 일본에서 큰 문제로 떠오르고 있는 것이 바로 빈집이다. 사람이 떠나고 집만 남으면 지역은 쇠퇴할 수밖에 없다. 일본 전역의 수많은 빈집을 어떻게 처리할 것인가. 이때 한 젊은이들이 행동에 나섰다. 그들만이 할 수 있는 밝고 경쾌한 방법으로.

격세지감의 이케부쿠로

한때는 '동쪽의 신에이도, 서쪽의 호린도'라는 말이 이 일대에 유행했다. 두 서점이 각각 이케부쿠로 역의 동쪽 출구, 서쪽 출구 바로 앞에 있었기 때문이다. 2003년 '호린도 서점(芳林堂書店)', 2006년 '신에이도 서점(新栄堂書店)'의 이케부쿠로 본점이 문을 닫았다. 대형서점은 아니어도 오랜 역사와 규모를 자랑하는 서점들이었다. 아직 다른 지역에 지점이 남아 있기는 하지만 본점이 문을 닫은 것은 역시 충격이 컸다. 책과 서점을 좋아하는 사람들은 시대의 변화를 절감했다.

여기 책을 좋아하지도 싫어하지도 않는 젊은이들이 있다. 일에 필요한 책만 간간히 읽는 정도다. 그런데 이런 젊은이들이 만든 공간에 책을 좋아하는 이들의 발길이 끊이지 않는다. 게다가 그 장소가 호린도 서점의 이케부쿠로 본점이 있던 자리라니. 무언

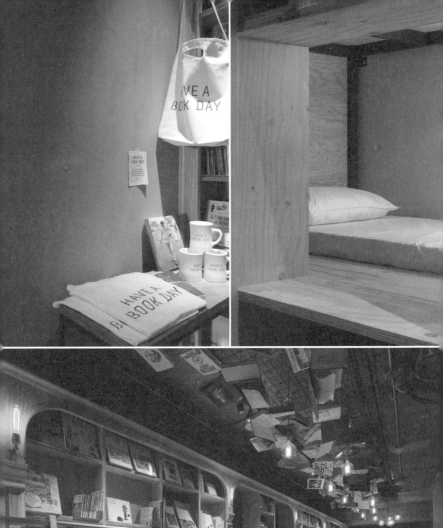

가 흥미로운 이야기가 숨어 있을 것 같다. 제일 가까운 출구는 도쿄 지하철의 C8 출구지만 일부러 서쪽 출구로 나와 목적지로 향했다.

나만의 비밀기지

어릴 때부터 품어 왔던 꿈 중에 여전히 유효한 것이 몇 개 있다. 그중 하나가 나만의 비밀기지를 갖는 것. 요즘엔 편한 의자와 세계 지도를 펴놓을 수 있는 넓은 책상이 있는 정도의 공간이라도 감지덕지겠지만 실은 좀 더 폐쇄적이면 좋겠다. 책을 읽는 데 무리 없는 너무 밝지 않은 조명, 이층 침대의 아래층은 숨어 들어가기 좋은 빈 공간, 문을 제외한 사방이 천장까지 솟은 책꽂이로 둘러싸인 작은 방이 어린 시절 내가 꿈꿨던 비밀기지의 모습이다. 책을 좋아하는 사람이라면 누구나 한 번쯤 이런 공간을 상상하지 않았을까? 상상 속 비밀기지와 완벽하게 똑같지는 않지만 책장에 둘러싸인 이층 침대에서 잠을 잘 수 있는 호스텔이 도쿄에 생겼다.

승강기에서 내린 순간 어리둥절했다. 정면의 튼튼해 보이는 나무문은 굳게 닫혀 있었고 사람의 모습은 보이지 않았다. 왼쪽에 놓인 작은 종을 눌렀다. 땡땡 소리를 듣고 '북 앤 베드 도쿄'의 지배인 후카다 나오야(深田直也) 씨가 반갑게 맞아주었다.

"어서 오세요. 기다리고 있었어요!"

커다란 창으로 햇살이 들어와 사진으로 봤을 때의 폐쇄적인 느낌은 조금 덜했지만 책장 안쪽으로 쏙쏙 들어간 침대를 보니 마구 두근거렸다.

"여기서 꼭 묵고 싶었어요. 그런데 급하게 예약해서 그런지 책꽂이 쪽 침대는 이미 자리가 다 찼더라고요."

"원래 책꽂이 쪽이 일반 이층 침대 객실보다 훨씬 빨리 예약이 마감돼요."

'잠들기 전의 경험'을 제공합니다

북 앤 베드 도쿄를 운영하고 있는 '알 스토어(R-STORE)'는 온라인으로 부동산 정보를 제공하는 회사다. 알 스토어는 단순히 '몇 평, 방 몇 개, 가장 가까운 역' 등의 정보만 제공했던 기존 업체와는 다르다. 소비자가 처음부터 굉장히 구체적인 조건을 넣어 검색할 수 있고 그에 맞는 집을 골라서 보여 준다. 예를 들면 '월세 5만 엔 이하, JR 주오 선이 지나가는 곳, 지은 지 3년 미만, 반려동물 허용, 천장이 높고 공원이 가까운 집'을 단 한 번에 찾아 준다. 인구가 감소하고 부동산 거래가 위축되면서 새로운 사업을 찾던 알 스토어는 에어비앤비에 주목했다. 에어비앤비의 등장 이후로 집과 숙박시설의 경계가 허물어졌다. 지금까지 셀 수 없을 정도로 많은 집을 봐 왔고 새로운 방식으로 소개해 온 알 스토어에서 생각한 숙박시설이란 과연 어떤 모습일까.

"보시면 아시겠지만 침대도 딱딱하고 침구도 평범해요. 편하게 자고 싶으면 다른 호텔에 가는 게 낫죠. 저희는 편한 잠자리가 아닌 '잠들기 전의 경험'을 제공하고 싶어요."

책을 읽다가 잠이 들어 버린 경험은 누구에게나 있을 것이다. 너무 흥미진진해서 조금만 더, 조금만 더 하다가 무거운 눈꺼풀이 스르르 내려와 잠들어 버릴 때도 있고 잠이 안 와서 일부러 지루한 책을 읽으면서 잠을 청할 때도 있고.

처음에는 책이 소재가 아니었다고 한다. 새로운 사업을 구상하던 직원 한 명이 어느 고급 호텔의 바에서 술을 마시다가 '조명도 적당히 어둡고 음악도 기분 좋고 여기서 한잠 자면 좋겠네'라고 생각한 것이 계기였다. 술집과 숙박시설을 결합해 이름하여 '잠 드는 바'가 최초의 기획이었다. 그런데 아무리 생각해 봐도 술 마시던 사람이 조용히 스르르 잠들 것 같지가 않았다. 취해서 소란을 피우고 행패 부리는 사람이 있으면 다른 투숙객들에게 민폐일 것이다. 고민 끝에 술이 아닌 책과 숙박시설을 결합하기로 결정했다.

여섯 번째 동네 - 이케부쿠로

두 젊은 조직의 협업

책을 두기로 결정한 이상, 책이 단순히 인테리어로 전락하는 것은 싫었다. 영감을 얻기 위해 책이 있는 공간을 돌아보던 그들은 시부야 퍼블리싱 앤 북셀러즈에 들러서 '여기다!'라고 생각했다. 마침 시부야 퍼블리싱 앤 북셀러즈는 책이 필요한 공간에 책을 골라 주는 일도 하고 있었다.

"사실 책이 있는 공간을 꾸리는 일은 들어가는 품에 비하면 그다지 큰돈이 되지 않아요. 그런데 알 스토어 직원 분들과 만나 이야기해 보니 너무 재밌는 분들인 거예요. 그래서 돈을 떠나서 같이 일하고 싶었어요."

"시부야 퍼블리싱 앤 북셀러즈라면 괜찮겠다고 생각했어요. 책을 즐겨 읽지 않는 저희가 가도 재밌는 공간이었어요. 베스트셀러만 늘어놓은 서점은 재미없잖아요."

알 스토어와 시부야 퍼블리싱 앤 북셀러즈는 죽이 잘 맞았다. 알 스토어 직원 네 명이 각각 다섯 권씩 책을 골랐고 그 스무 권을 바탕으로 시부야 퍼블리싱 앤 북셀러즈에서 서가를 채웠다. 숙박시설인 점을 감안해 영어로 된 책도 많고 만화, 사진집, 요리책, 소설, 여행서 등 장르를 불문하고 누구나 쉽게 읽을 수 있는 책 1천7백여 권이 책장에 빼곡히 들어찼다.

빈 집을 사람들이 모이는 공간으로

"재미있는 게 도쿄에 사는 분들도 꽤 많이 오세요. 집에서 샤워까지 싹 다 마친 후 편한 옷차림으로. 책을 읽다가 잠만 자러 여기 오시는 거예요."

책장 안의 침대는 밖에서 보기엔 좀 좁지 않을까 싶었는데 들어가 보니 책을 읽다 잠들기 딱 좋은 크기였다. 초콜릿을 먹으며 해리포터를 읽다 잠드는(이 침대에서는 어쩐지 해리포터를 읽어야만 할 것 같다) 상상을 하니 입 안에 달콤한 침이 고였다.

북 앤 베드는 2016년 12월 교토에 2호점을 열었고 2017년 1월에는 도쿄점을 8층까지 확장하면서 염원하던 바를 만들어 술을 판매하기 시작했다. 앞으로도 새로운 형태의 숙박시설을 즐겁게 고민할 예정이라고 한다.

"지금 일본에서는 도심 바깥에 방치된 빈집이 큰 문제예요. 그 빈집을 활용해 재밌는 숙박시설을 만들 거예요. 사람들이 모일 수 있도록 말이죠. 그러면 그 주변에 식당, 기념품점 같은 새로운 가게도 생겨나지 않을까요?"

도전의 힘을 믿는 젊은이의 얼굴이 반짝반짝 빛났다. 내 또래의 이 친구들을 나는 믿고 싶어졌다.

걸어서 함께 찾아가기 좋은

이케부쿠로의
동네책방들

고서 오라이자(古書往来座)

도심을 지키는 감각적인 동네 헌책방

ⓐ 도쿄도 도시마구
  미나미이케부쿠로 3-8-1 1층
  (東京都豊島区南池袋 3-8-1 1F)

ⓣ 03-5951-3939

ⓞ 12:00~22:00

ⓗ www.kosho.ne.jp/~ouraiza

책방지기들의 비밀 아지트
이케부쿠로 편

"중고 음반을 판매하는 '코코너츠 디스크'를 추천해요. 레코드와 CD는 물론이고 카세트테이프와 VHS 방식의 비디오테이프까지 있어요. 옛날 생각이 많이 나는 공간이에요."

북갤러리 포포타무의
오바야시 에리코

코코너츠 디스크
(COCONUTS DISK)
중고 음반 판매점

ⓐ 도쿄도 도시마구 니시이케부쿠로
　3-22-7 (東京都豊島区西池袋
　3-22-7)
ⓣ 03-3985-0463
ⓞ 12:00~21:00
ⓗ coconutsdisk.com/ikebukuro

다이닝 그립(DINING GRIP)
브런치 메뉴가 충실한 레스토랑

ⓐ 도쿄도 도시마구 미나미이케부쿠로
　2-11-1 (東京都豊島区南池袋2-11-1)
ⓣ 03-5944-9063
ⓞ 런치 11:00~14:30
　브런치 12:00~15:00(주말, 공휴일)
　디너 18:00~23:00(일 22:00)
ⓓ 월
ⓗ dining-grip.com

우표 박물관(切手の博物館)
일본과 해외 희귀 우표를 수집한 박물관

ⓐ 도쿄도 도시마구 메지로 1-4-23
　(東京都豊島区目白1-4-23)
ⓣ 03-5951-3331
ⓞ 10:30~17:00
ⓓ 월(공휴일인 경우 개관)
ⓗ www.yushu.or.jp/museum

이케부쿠로노카제(池袋の風)
캐주얼한 분위기의 이자카야

ⓐ 도쿄도 도시마구 미나미이케부쿠로
　3-16-10 산라이즈 미나미이케부쿠로 1층
　(東京都豊島区南池袋3-16-10
　サンライズ南池袋1F)
ⓣ 03-3988-7088
ⓞ 17:00~27:00
ⓗ www.kazetogenki.com

ⓐ 주소 / ⓣ 전화 / ⓞ 영업시간
ⓓ 정기휴일 / ⓗ 홈페이지

도쿄를 지켜 온
책 거리의 힘

谷根千/
神保町

책을 사랑하는 사람이 모인 동네에 좋은 책방이 생기고 좋은 책방이 있는 동네에 책을 사랑하는 사람이 모인다. 오래된 책방은 새로운 책방에게 선선히 곁을 내어 주고, 책방은 동네 사람들과 조화롭게 살아갈 방법을 고민한다. 따스한 마음이 하루하루 쌓인 책방 가득한 동네를 찾아가는 길은 언제나 경쾌하다.

야네센/
진보초

야네센
谷根千

가끔은 지도를 들고 다니며 산책하고 싶을 때가 있다. 그 지도가 동네 사람들이 알뜰살뜰 만든 것이라면 더욱 정겹다. 야나카, 네즈, 센다기 어디라도 좋다. 제일 먼저 눈에 띄는 책방에 들어가서 '시노바즈 북 스트리트 맵'을 손에 넣자. '책과 산책의 동네' 야네센을 둘러볼 때 든든한 아군이 되어줄 것이다. 지도 속 책방을 다 둘러보지도 못했는데 스리슬쩍 내린 어둠이 야속하다면 부장고로 가서 책에 둘러싸여 칵테일 한잔을 마시며 아쉬움을 달래 보면 어떨지.

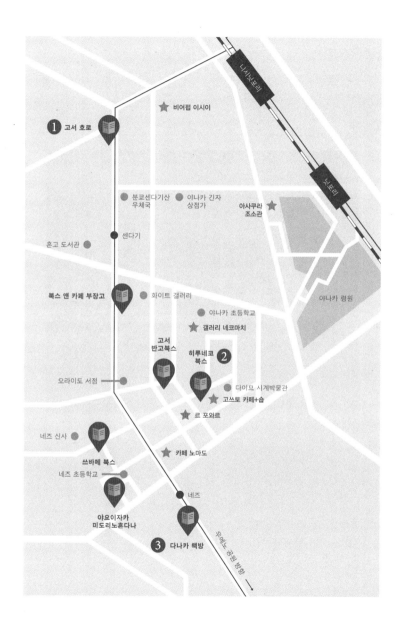

비어펍 이시이

① 고서 호로

분쿄센다기산 우체국 · 야나카 긴자 상점가

아사쿠라 조소관

센다기

혼고 도서관

북스 앤 카페 부장고 · 화이트 갤러리

야나카 초등학교

갤러리 네코마치

야나카 령원

고서 반고북스

히루네코 북스 **②**

오라이도 서점

다이묘 시계박물관

고쓰토 카페+숍

르 포와르

네즈 신사

쓰바메 북스

카페 노마도

네즈 초등학교

네즈

야요이자카 미도리노혼다나

③ 다나카 책방

우에노 역원 방향

나시닛포리

닛포리

181

야네센

야네센 책방 탐사의 시작점

고서 호로(古書ほうろう)

주소	도쿄도 분쿄구 센다기 3-25-5(東京都文京区千駄木3-25-5)
전화번호	03-3824-3388
영업시간	12:00~23:00(일, 공휴일 20:00)
정기휴일	수
찾아가는 길	지하철 지요다 선 센다기 역에서 걸어서 5분
홈페이지	horo.bz

부부는 닮는다는 말이 참 좋은 말이라는 사실을 이 부부를 만나고 나서야 알았다. 그들은 같은 방향을 보며 함께 나아가는 동반자였다. 대화를 나누는 중에도 남편이 모르는 부분은 아내가, 아내가 모르는 부분은 남편이 답하며 서로를 부족함 없이 채워 주었다. 책을 찾는 손님, 책을 사는 손님과 파는 손님, 이벤트가 정말 좋았다며 인사를 하러 온 손님까지. 부부는 각자의 언어로 그들을 맞았다. 상대방이 손님과 이야기를 하면 고개를 끄덕이기도 하고 사랑이 가득 담긴 눈빛을 서로에게 보내기도 했다. 두 사람의 말투와 동작이 너무도 닮았다. 나는 부부를 보며 마냥 흐뭇했다. 이분들, 나보다 한참 나이가 많은데도 말이다. 이 부부를 보면 기분이 좋아지는 사람은 나뿐만이 아닌 듯, 많은 이들이 5년이고 10년이고 계속해서 '고서 호로'를 찾는다.

네즈 역 근처의 작은 헌책방 '다나카 책방'의 다나카 씨는 갈 때마다 나를 재촉했다.

"제 책방은 진짜 아무것도 아니에요. 고서 호로에 꼭 가 보셔야 한다니까요!"

'시노바즈 북 스트리트 맵(不忍ブックストリートMAP)'을 펴서 고서 호로에 커다랗게 동그라미를 쳤다. 그 지도가 가방 속에서 꼬깃꼬깃 해질 때쯤에야 겨우 고서 호로로 발걸음을 옮길 수 있었다. 내가 갖고 있던 지도를 본 고서 호로의 미야지 씨 부부는 세심하게 새 지도를 챙겨 주었다.

사랑스러운 동네, 야네센

도쿄의 다이토 구와 분쿄 구에 걸친 야나카, 네즈, 센다기 세 지역의 앞글자를 따와서 이 일대를 야네센이라고 부른다. 오래된 건물이 많이 남아 있고 한자리에서 오래 장사하는 가게와 몇 대씩 같은 집에 사는 사람이 많은 동네. 2006년 무렵부터 이 조용한 동네가 주목받기 시작했다. 높고 건조한 건물, 어디에나 있는 프랜차이즈에 질린 사람들이 야네센을 찾아왔다.

이 동네에 유독 책방이 많은 이유는 가와바타 야스나리, 나쓰메 소세키, 모리 오가이 등 많은 문인이 살았던 곳이기 때문일까. 동네책방과 북카페, 도서관 등 책이 있는 공간들이 모여 '시노바즈 북 스트리트'라는 조직을 만들었고 2005년부터 매년 시노바즈 북 스트리트 맵을 만들어 무료로 배포하고 있다. 고서 호로는 시노바즈 북 스트리트의 활동에 열심히 참여하는 책방 중 하나다. 시노바즈 연못에서 시작하는 지도는 고서 호로에서 끝난다.

10년 전 처음 야네센을 찾은 이후로 지금까지 도쿄에 오면 신주쿠, 시부야, 긴자 같은 유명 관광지에는 안 가도 야네센에는 꼭 들렀다. 그런 내가 1998년에 개점한 고서 호로를 몰랐다니! 고서 호로에 가려면 지하철을 타고 센다기 역에서 내리는 게 제일 가깝다. 하지만 나는 야네센을 방문할 때면 JR 야마노테 선을 주로 이용했다. 닛포리 역에서 내리면 길은 야나카 긴자 상점가로 이어지는데 고서 호로에 가려면 야나카 긴자를 벗어나 우에노 역과 반대 방향으로 가야 한다. 여태 고서 호로를 몰랐던 건 지하철이 아닌 JR을 이용했기 때문이라고 변명하고 싶지만 다나카 씨에게 듣고도 몇 달 후에나 방문했으니 결국 나의 게으름을 탓해야 할 것 같다.

다나카 씨의 소개로 왔다는 말을 듣고 미야지 씨 부부는 반색을 하며 자연스럽게 대화의 물꼬를 텄다.

"다나카 씨, 참 재밌는 분이죠?"

방랑과 음악 사이에서

호로는 '방랑(放浪)'의 일본어 발음이다. 책방 이름을 들었을 때부터 나와 잘 맞는 공간일 것이라고 예상했다. 홈페이지에서 미야지 씨 부부의 자기소개를 보고는 첫 느낌이 틀리지 않았음을 알았다.

남편인 미야지 겐타로(宮地健太郎) 씨의 자기소개에는 시베리아 횡단열차, 사모아 섬 등의 단어가 등장한다. 평범해 보이는 국내 여행의 경험도 적어 놓았다. 여행을 좋아하고 여행에서 영감을 얻는 사람임에 분명했다.

아내 미야지 미카코(宮地美華子) 씨의 자기소개는 네 줄에 불과하다. '문득문득 장난처럼 여행길에 오르곤 했지만 정신을 차려 보니 헌책방 주인이 된 자신을 발견. 떠나는 사람이 아닌 머무는 사람, 맞이하는 사람이 되어 태어나서 처음으로 전철을 타지 않는 생활을 하고 있다.'

"두 분 다 여행을 굉장히 좋아하시는 것 같은데 책방 이름인 호로는 '방랑'을 뜻하는 호로인가요?"

"물론 그것도 있지만 제가 가수 고사카 주(小坂忠)의 'HORO'라는 앨범을 좋아해서 호로라고 붙였어요."

겐타로 씨가 대답하는 동안 미카코 씨가 어느새 레코드판을 들고 왔다. 1975년에 나온 앨범을 2010년에 재발매한 것이었다. 2010년은 미야지 씨 부부에게 있어서 절대 잊지 못할 한해였다. 고사카 씨가 고서 호로에 와서 앨범 'HORO'에 실린 곡 '호로'를 불렀기 때문이다.

"정말 우연에 우연이 겹쳐서 만들어진 이벤트였어요. 지금 생각해 보면 우연이 아닌 필연인 것 같기도 하지만요."

우연의 시작은 여행이었다. 겐타로 씨의 오랜 친구가 여행 중에 우연히 고사카 씨의 매니저와 동행한 것이다. "고사카 씨의 새 앨범 발매에 맞춰 소규모 공연을 할 장소를 찾고 있다길래 고서

일곱 번째 동네 - 야네센

호로 이야기를 했어. 꽤 관심 있어 하더라"라는 친구의 전화를 받은 때가 10월 말. 많은 이웃의 도움으로 일사천리로 일이 진행됐다. 12월 10일 고사카 씨가 고서 호로에서 '호로를' 부르는 모습을 보고 겐타로 씨는 눈물을 흘렸다고 한다. 12년 전, 책방 이름을 고서 호로로 정하면서 상상했던 광경이었지만 이룰 수 없는 꿈이라고 생각했다. 오랫동안 품어 왔던 꿈이 현실이 됐을 때 흘린 눈물은 달콤했으리라. 공연 이벤트 이후로도 고사카 씨와의 인연은 이어지고 있는 듯, 입구에 공연 포스터가 붙어 있었다.

책방의 피아노

계산대에서 매장 안쪽을 바라보면 대각선 방향에 피아노가 한 대 있다. 북카페도 아니고 헌책방과 피아노는 어쩐지 낯선 조합이다. 피아노 옆에는 이벤트 때 사용하는 등받이 없는 의자들이 차곡차곡 쌓여 있다. 피아노 위에는 책과 음반, 액자가 놓여 있다. 고서 호로는 헌책뿐만 아니라 헌 음반도 팔고 있기 때문에 단순히 인테리어만은 아닐 것 같아 슬쩍 물어보니 아니나 다를까, 이 피아노에도 인연과 사연이 있다. 러시아와 동유럽의 동화를 주로 번역한 우치다 리사코(内田莉莎子) 씨가 젊은 시절 쳤던 피아노라고 한다. 우치다 씨의 아들인 요시가미 교타(吉上恭太) 씨가 2010년에 기타를 연주하며 이야기를 나누는 행사 '사우다지의 밤(サウダージな夜, 사우다지는 포르투갈어로 갈망, 향수라는 뜻)'을 고서 호로에서 시작하며 미야지 씨 부부와 친해졌다. 그러던 어느 날, 어머니의 피아노를 보관하던 친척집이 공사를 하자 요시가

미 씨는 피아노를 고서 호로에 가져왔다. 피아노가 있으면 고서 호로의 이벤트가 더욱 풍성해리라 생각하며. 가까이 가 보니 피아노 위쪽 벽에 종이가 한 장 붙어 있다.

'고서 호로에서 피아노를 치자!'

피아노를 가져다 놓은 계기가 된 사우다지의 밤 이벤트는 지금까지 계속되고 있다. 역시 미야지 씨 부부, 고서 호로와 맺은 인연은 단 한 번으로 끝나지 않는다.

손님들이 덧입혀준 책방의 색깔

고서 호로는 매장이 꽤 넓은 편이다. 손님에게 헌책을 받아 한 권, 한 권 가격을 정하고 서가에 진열하는 일을 부부 단 둘이서

일곱 번째 동네 - 야네센

만 하기엔 힘들 것 같았다. 그러나 어디하나 흐트러진 구석이 없었다. 피아노와 액자는 반짝반짝 윤이 났다. 표지가 보이게 놓인 책들은 자기주장이 명확했다. 잡화와 무가지 역시 있어야 할 자리에 있었다.

고서 호로의 자리는 원래부터 헌책방이었다고 한다. 미야지 씨 부부는 그 헌책방에서 일하는 직원이었다. 어느 순간부터 '나는 계속해서 이 일을 하게 되겠구나'라는 생각이 들었고 결국 1998년 기존의 헌책방을 인수했다. 처음엔 미야지 씨 부부를 포함해 네 명의 스태프가 각자 좋아하는 장르를 담당해서 서가를 꾸렸다. 손님이 가져오는 책이라고 무조건 받지 않고 까다롭게 골랐다. 기존 헌책방의 색깔은 서서히 옅어졌고 손님들은 고서

호로의 색에 물들어 갔다. 이제는 책을 굳이 고르지 않아도 된다. 고서 호로를 잘 아는 손님들이 가져온 책은 미야지 씨 부부의 취향에도 꼭 들어맞는다.

일본어를 못하는 사람이라도 서가를 찬찬히 살펴보면 미야지 씨 부부의 심미안이 얼마나 뛰어난지 알 수 있다. 사진집이나 화보, 그림책을 전문으로 다루는 책방에 뒤지지 않을 정도로 아름다운 책이 많다. 그렇다고 해서 글이 많은 책을 홀대하지 않는다. 느슨하게 표지가 보이도록 진열된 다른 서가와 달리 문학 서가는 책등을 보인 채 빽빽하게 꽉 들어찼다. 과학이나 수학 책도 있고 책방 가장 안쪽에는 만화도 꽤 많다. 이 모든 책을 두 사람이 관리한다는 사실이 또 한 번 놀랍다.

"예전에 비하면 많이 편해졌죠. 손님들이 알아서 다 골라 오니까요. 진보초가 가까워서 그런지 야네센에는 책에 관련한 일을 하는 사람이 많아요. 출판사에서 일하는 사람부터 작가, 디자이너도 있고요. 아마 그분들이 저희보다 훨씬 까다로울 거예요."

누구나 마음 편히 오는 책방

실제로 와서 둘러보고 미야지 씨 부부와 이야기를 나누다 보니 준비해 온 질문은 별 의미가 없었다. 미야지 씨 부부가 내 속도에 맞추어 질문과 대답을 이끌어 내고 있을 뿐. 그래도 용기를 내어 '그럼 마지막 질문입니다'라고 운을 띄웠다.

"앞으로 어떤 책방이 되면 좋겠다고 생각하세요?"

"누구나 마음 편하게 오는 책방이요. 아, 혹시 센다이 가 보셨어

요? 거기 '가세노니와(火星の庭, 화성의 정원)'라는 북카페가 있는데요. 동일본 대지진 때 가세노니와가 사람들의 도피처 역할을 했어요. 집이 피해를 입지는 않았어도 왠지 가족끼리만 있으면 불안하고 고립된 것 같잖아요. 동네 사람들이 하나둘 모여서 같이 밥 해 먹고 잠도 자고. 그런 책방이 되면 좋겠어요."

가세노니와 이야기를 하다가 센다이 시에서 진행하는 '북! 북! 센다이(Book! Book! Sendai)' 이벤트로 이어졌던 대화는 다시 야네센을 화제로 돌아왔다.

"'히토하코후루혼이치(一箱古本市, 한 상자 헌책 시장)'의 발기인인 난다로 아야시게(南陀楼綾繁)씨가 이번 주말에 가게를 봐주시기로 했는데 시간 되면 놀러 오세요."

미카코 씨가 말하는 동안 겐타로 씨가 책을 한 권 들고 왔다. 난다로 씨가 쓴 〈히토하코후루혼이치를 걷는 방법 一箱古本市の歩きかた〉이다. 시노바즈 북 스트리트에 대해, 일본 전국의 책 이벤트에 대해, 책과 책방이 마을에서 만들어 갈 미래에 대해. 고민과 해답을 동시에 안겨 줄 한 권임에 틀림없어 보였다.

"저 이거 살게요!"

450엔에 8퍼센트의 소비세가 붙어 486엔. 소비세가 오르고 나서 참 번거로워졌다고 생각하며 동전 지갑을 뒤지는데 댕그랑 정확히 4백 엔이 손바닥에 떨어졌다.

"4백 엔만 주세요. 헌책이라 가격 책정은 저희 마음대로 하는 거니까요. 지금까지 책방 취재 오신 분 중에 제일 열심히 준비해 오셨어요. 고맙습니다."

예상치 못한 칭찬에 괜히 쑥스러웠다. 나야말로 고맙다고, 정말 즐거운 시간이었다고 몇 번이나 고개를 숙였다.

돌아서는 내게 미카코 씨가 수줍게 웃으며 건넨 한 마디.

"저희는 여기를 지켜야 하기 때문에 쉽게 움직이지 못하지만 가세노니와에 다녀오시면 와서 이야기 들려주세요."

마치 남매처럼 꼭 닮은 이 부부가 앞으로도 고서 호로에서 수많은 여행자를 맞이할 수 있기를. 구석에서 만화책을 보던 중학생이 가정을 꾸려 아이의 손을 잡고 고서 호로에 왔던 그 시간보다 더 긴 시간동안 말이다.

히루네코 북스
(ひるねこBOOKS)

주소	도쿄도 다이토구 야나카 2-1-14 (東京都台東区谷中2-1-14)
영업시간	11:00~20:00
정기휴일	월
찾아가는길	지하철 지요다 선 네즈 역 1번 출구에서 걸어서 5분
홈페이지	hiruneko.thebase.in

'히루네코 북스'의 고바리 다카시(小張隆) 씨는 자기주장이 확실한 사람이다. 책방을 연 이유, 책을 고를 때의 기준, 나아가고 싶은 방향에 대해서 타협 없이 자신의 고집을 지킨다. 하지만 막상 이야기를 나눠 보면 느슨하고 유연한 물과 같은 사람, 있는 듯 없는 듯 공기 같은 사람이라고 느껴져서 신기했다.

"꼭 야네센에 책방을 내고 싶었어요. 동네 사람들의 유대관계도 끈끈하고 모두가 매일의 생활에 충실해 보였거든요. 제가 이 동네를 좋아하는 것도 이유 중 하나였고요."

책방 자리를 고를 때 야네센 이외의 동네는 생각조차 하지 않았다. 오래된 가게가 많아 빈 점포가 좀처럼 나오지 않는 동네인 걸 알았지만 포기하지 않았다. 히루네코 북스가 자리한 곳은 큰 길에서 한 발 더 들어가야 하는 골목 안쪽, 외지인에게 열려 있는 위치는 아니다. 동네 할아버지가 뒷짐지며 산책하는 모습이 잘 어울리는 골목이다. 2016년 1월에 문을 연 히루네코 북스는 마치 아주 오래전부터 이 골목에 있었던 것만 같다. 고바리 씨가 이미 몇 년 전부터 야네센에 살고 있기 때문인지도 모른다.

"사실 엄청나게 용기를 냈어요. 이미 좋은 책방, 서점이 많은데 또 새로운 책방이 생기면 그분들이 텃세를 부리지는 않을까 걱정이 됐거든요."

걱정은 기우에 불과했다. 텃세는커녕 개업 파티 때는 발 디딜 틈 없이 많은 사람이 와서 축하해 주었다. 히루네코 북스는 시노바즈 북 스트리트의 일원이 되어 '책과 산책의 동네' 야네센에 자연스럽게 녹아들었다.

책을 위해 할 수 있는 일

고바리 씨는 대학에서 문예창작을 전공했고 서점과 도매상에서 아르바이트를 했다. 졸업 후에는 8년 동안 어린이책 출판사의 영업팀에서 일했다. 쭉 출판계에 있으면서 한 권의 책이 세상에 나오기까지 작가뿐만 아니라 편집, 교정, 인쇄, 영업, 홍보 등 많은 사람들이 노력하고 있다는 사실을 누구보다 잘 알 수 있었다. 그래서 '책이 팔리지 않아', '사람들이 활자에서 점점 멀어지고 있어'라는 소리가 당연해지는 상황이 분해서 참을 수가 없었다고 한다. 책이 안 팔리는 것은 시대의 흐름이라 어쩔 수 없다고 말하는 사람들에게 보여 주고 싶었다. 아직 책을 위해 할 수 있는 일은 많이 있다고. 내 책방을 만들어 보자는 결심이 섰을 때 비로소 출판사를 그만두었다.

미래는 여성에게 달려있습니다

골목에 들어서면 저만치 스웨덴, 노르웨이, 덴마크, 핀란드의 국기가 펄럭이고 있다. 가까이 가지 않으면 책방은 보이지 않는다. 책방과 도로 사이에 앞마당 같은 공간이 있기 때문이다. 앞마당에는 헌책이 담긴 나무상자가 있다. 이 공간 덕분에 실내는 한결 여유가 생겼다. 헌책방이지만 글을 쓰는 사람을 응원하기 위해 책방의 성격에 맞다면 신간도 들여오고 독립출판물도 다룬다. 어린이책 외에도 고양이 책, 북유럽에 관한 책, 의식주에 관한 책 등 여성들이 좋아할 만한 책이 특히 많다. 잡화는 고양이와 북유럽에 관한 것만 있다.

어린이책이 많은 이유는 고바리 씨가 어린이책 출판사에서 일했기 때문이라고 쳐도 여성 독자를 대상으로 한 책도 유난히 많은 건 왜일까?

"책방을 만들 때부터 의도한 거예요. 저는 앞으로 사회를 떠받칠 존재는 여성이라고 생각해요. 여성이 어떻게 일을 하고 살아가느냐에 따라 일본 사회, 나아가 전 세계가 변할 거라고 믿어요."

고바리 씨의 바람대로 여성 손님이 남성 손님에 비해 압도적으로 많다. 평일에는 동네 아이 엄마가, 주말에는 야네센 구경을 왔다가 들르는 손님이 많다. 주말에 왔던 손님 중에는 평일 저녁 퇴근길에 다시 방문하는 손님도 종종 있다.

"퇴근길에 저희 책방에 들러서 피로를 풀고 '내일 하루는 좀 더 나아지겠지'라고 위안을 얻고 집에 가시는 분이 많아지면 좋겠어요. 그래서 맥주와 와인도 준비해 놓았어요."

매장은 '일상생활 속에서 누리는 여유 있는 시간'을 주제로 꾸몄다. 군이 퇴근길이 아니더라도 유치원에 아이를 데리러 가기 전에 조금 일찍 나와서 잠깐, 근처로 외근을 나왔다가 붕 뜨는 시간이 생기면 잠깐 들러 한숨 돌릴 수 있는 공간이 되길 바라는 마음을 담았다. 책방 이름인 히루네코는 '낮잠 자는 고양이'를 의미한다. 책방의 이미지와도 잘 맞고 고양이가 많은 야네센과도 어울리는 이름이다. 해가 잘 드는 날 오후엔 앞마당에서 늘어지게 한숨 자는 길고양이들을 종종 만날 수 있다고 한다.

한 조각 위안을 얻을 수 있는 공간

몇십 분째 아무 말 없이 책방에 머무르는 손님이 있었다. 책을 살 생각이 있는 건지 없는 건지 무심한 손길로 가볍게 들춰 보기만 하다가 창문에 붙은 고양이 사진 앞에서 풋 웃음을 터뜨렸다. 고바리 씨도 나도 안테나를 쫑긋 세우고 그에게 집중했다.

"이 책 작가가 누군지 궁금하네요."

계산대에 앉아 있던 고바리 씨가 그에게 조용히 다가갔다. 책 제목은 〈소중한 것을 잃고 겨우 버티고 있는 사람을 위한 26개의 노래 26 Songs for someone who has just lost something nice and stood up somehow〉. 손바닥보다 조금 큰 크기의 독립출판물이었다.

"사실 얼마 전에 저희 집 고양이가 죽었어요. 그냥 오늘도 정처 없이 걷다가 무심코 들어온 건데……. 이 책, 아니 여기 참 좋네요."

두 사람의 대화는 쉬이 끊이지 않았다. 조용조용한 목소리가 오가며 만드는 따스한 울림이 책방을 가득 채웠다. 결국 그는 눈으로는 울고 입으로는 웃으며 책 두 권을 사서 나갔다. 다시 오겠다는 인사를 남기고.

직업으로서 책방 주인

"인생 상담 하셔도 되겠어요!"

고바리 씨라면 어떤 질문이라도 대답해 줄 것만 같았다. 어디에서도 물어보지 못했지만 가장 궁금했던 질문을 마침내 입 밖으

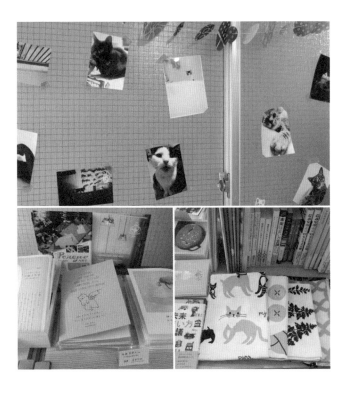

일곱 번째 동네 - 야네센

로 꺼냈다.

"반년 정도 해 보니까 어떠세요? 책방으로 먹고사는 게 가능하다고 보세요?"

"어쨌든 흑자이긴 한데 제 인건비는 나오지 않아요. 모아 놓은 돈을 조금씩 써 가면서 생활하고 있어요. 물론 다른 일을 병행할 수도 있지만 아직은 그러고 싶지 않아요. 오롯이 책방 주인으로 삶을 영위하는 것, 일종의 도전이자 실험이라고 할 수 있겠죠."

이제 막 발을 들여놓았다는 점, 다른 일을 병행하지 않으면 생계를 유지하기 힘들다는 점, 그렇지만 한동안은 오롯이 이 일만으로 버티기로 작정했다는 점, 내 삶이 평범함에서 벗어나 있다는 사실을 자각하고 있다는 점 등. 직업으로서 책방 주인을 지향하는 고바리 씨의 태도가 직업으로서 여행 작가를 지향

하는 내 생각과 완벽하게 일치해서 깜짝 놀랐다. 한 가지 짚고 넘어가야 하는 사실은 우리 둘 다 무일푼으로 뛰어들지 않았다는 점이다. 고바리 씨는 책방에서 나오는 수익 전부를 유지 비용으로 돌려도 생활비를 댈 수 있을 정도로 돈을 모아 놓았다. 나 역시 1년에 두 달 이상 장기 여행을 가면서도 한국에 돌아오면 보통의 생활은 할 수 있을 정도의 돈은 모은 후에 여행 작가의 길로 뛰어들었다. 우리는 꿈을 좇아가라고 함부로 말하지 못한다. 모든 책임은 결국 자기 자신이 져야 한다는 사실을 너무 잘 알고 있기 때문이다.

고바리 씨는 어린 시절 다녔던 도서관을 놀이터라고 말했다. 그때의 즐거웠던 기억이 어른이 된 고바리 씨를 어린이책 출판사로, 히루네코 북스로 이끌었다. 자신이 그랬던 것처럼, 책을 꼭 끌어안고 뒤뚱뒤뚱 걷던 꼬맹이가 히루네코 북스를 떠올리며 책방 주인이 되었으면 좋겠다고 한다. 그때 히루네코 북스가 남아 있지 않다 하더라도 새로운 작은 책방이 하나 생기면 그것으로 괜찮다며 말이다. 히루네코 북스에서 보내는 평일 오후의 시간이 느리게 흘러간다.

조금은 엉뚱한 네즈의 사랑방

다나카 책방(タナカホンヤ)

주소	도쿄도 다이토구 이케노하타 2-7-7(東京都台東区池之端2-7-7)
영업시간	12:00~20:00
정기휴일	월
찾아가는 길	지하철 지요다선 네즈역 2번 출구에서 걸어서 2분
홈페이지	blog.livedoor.jp/tanakahonya

오키나와 나하의 마키시 공설시장에 가면 '시장의 헌책방 울랄라(市場の古本屋ウララ)'가 있다. 울랄라의 주인 우다 도모코(宇田智子) 씨가 쓴 〈오키나와에서 헌책방을 열었습니다〉의 한국어판이 나오면서 우리나라에도 꽤 알려졌다. 원래 그 자리엔 한 부부가 운영하는 헌책방 '도쿠후쿠도(とくふく堂)'가 있었다. 도쿠후쿠도를 정리할 때 도쿄의 신간 서점에서 일하던 우다 씨가 내려와 가게를 이어받아 울랄라가 되었다. 그런데 우다 씨가 가게를 인수받기 전에 도쿠후쿠도의 부부가 '오키나와에 와서 헌책방 해보지 않을래?'라고 먼저 연락한 사람이 있었으니, 그 사람이 바로 다나카 고지(田中宏治) 씨다.

기간 한정 헌책방

2010년 9월, 도쿠후쿠도 자리에 한 달만 영업하는 기간 한정 헌책방이 문을 열었다. 주인 부부가 여행을 하는 동안 자리를 놀리기 아까워 장소를 통째로 빌려준 것이다. 친척의 결혼식에 참석하러 오키나와에 왔다가 혼자 남아 여행을 하던 다나카 씨가 제안을 받아들였다. 도쿄에 있는 자신의 책 2백여 권을 오키나와로 가져와 영업을 시작했다. 책방 이름은 깔끔하게 '다나카 책방'. 장을 보러 나온 동네 사람부터 외국인 여행자까지, 오고 가는 사람이 많은 자리라 책은 생각보다 꽤 많이 팔렸다. 한 달 동안의 오키나와 생활을 마치고 다나카 씨는 도쿄로 돌아왔다. 달라진 것은 없었다. 예전과 마찬가지로 아르바이트를 하면서 일상을 이어 나갔다. 다나카 씨에게 오키나와에서 보낸 한 달은 여행지에서 우연히 겪은 이벤트였다. 헌책방을 하고자 하는 생각이 있었다면 1년 후 도쿠후쿠도 부부의 제안을 받아들였을 터였다.

"흠, 그렇죠. 사람 일은 정말 어떻게 될지 모르는 거라니까요."
팔짱을 끼고 크게 고개를 끄덕이며 당시를 회상하는 다카나 씨는 도쿄의 동쪽, 조용한 마을 네즈에서 4년째 다나카 책방을 지키고 있다.

동일본 대지진과 4년 동안의 변화

다나카 책방은 정오부터 영업을 시작한다. 주변의 작은 가게를 구경하다 1시쯤 느긋하게 책방으로 향했다. 당연히 문이 열려

있을 줄 알았는데 다나카 씨가 자전거에서 내려 입구 앞의 우편물을 챙겨 들어가는 모습이 보였다. 시간에 딱 맞춰 오지 않길 잘했다고 생각하며 안으로 들어갔다. 다나카 책방에는 문이 없다. 조금은 쌀쌀했던 4월 초에 방문했을 때는 비닐 커튼이 문을 대신하고 있었는데 한여름 7월엔 그마저도 없다. 대신 햇살이 그대로 들어와 책방을 더욱더 따뜻한 공간으로 만든다. 물론 7월엔 덥다. 다나카 씨가 서둘러 에어컨과 선풍기를 켰다. 좁은 공간이라 금세 시원한 기운이 몸을 감쌌다.

"혹시 일찍 와서 기다리신 건 아니죠? 제시간에 맞춰 오려고 했는데 사전투표를 하고 오느라 시간 계산을 잘못했네요."

2016년 7월 10일은 일본 참의원 선거일이었다. 일본도 우리나라와 마찬가지로 사전투표제도가 있다. 기일전투표(期日前投票)라고 하는데 투표일 16일 전부터 사전투표를 할 수 있고 투표를 마치면 확인증을 준다.

"지금 야네센 지역의 몇몇 가게가 연합해서 사전투표 확인증을 보여 주면 물건 값을 깎아 주는 이벤트를 하고 있어요."

"안타깝게도 전 외국인이라 혜택을 못 받겠네요. 스무 살 이후로 단 한 번도 투표 거른 적 없는데 아쉽다!"

책방을 열기 전, 부모님과 살면서 아르바이트만으로 생활했던 다나카 씨는 정치에 관심이 없었다.

"내 가게를 하다 보니 이건 아니다 싶었어요. 먹고살기 힘들어요. 그런데 이건 해결할 수 있는 문제거든요. 원전도 그렇고요."

2011년 3월 11일 다나카 씨는 도쿄에 있었다. 아르바이트를 하

일곱 번째 동네 - 야네센

던 곳에서 지진을 경험했다. 지금까지 겪어 보지 못한 규모의 지진에 '내가 여기서 죽을 수도 있겠구나'란 생각을 했다고 한다. 그날 이후 자기가 좋아하는 것으로 가득 채운 장소, 사람들과 관계를 맺을 수 있는 장소를 만들고 싶다고 생각했다.

조금 특이한 헌책방

계기는 갑작스레 찾아왔다. 부모님이 결혼한 형 부부와 함께 살게 되면서 다나카 씨는 혼자 살 집을 구해야 했다. '혼자 살면 심심할 테니까 가게나 한번 해 볼까?'

가벼운 마음으로 시작했다. 방과 가게가 붙어 있어 임대료를 아낄 수 있는 공간을 찾았지만 쉽지 않았다. 좋아하는 동네인 네즈를 산책하다가 원래 창고였던 지금의 자리를 발견하고는 한눈에 반했다. 방은 자전거로 15분 걸리는 자리에 따로 얻었다. 나하에서 헌책방을 열었을 때와 마찬가지로 집에 있는 책 3백여 권을 가져와 영업을 시작했다. 헌책방을 하고 싶었다기보다는 얼마 없는 자본금으로 시작할 수 있는 업종이 헌책방이었기 때문이다.

"전 손님에게 헌책을 사지 않아요. 손님에게 헌책을 사서 되팔려면 자격이 필요하거든요. 뭐 복잡한 건 아니지만 굳이 취득해야 할 필요도 못 느껴서요. 뭐 어찌어찌 4년 동안 해 왔으니까 앞으로도 어떻게든 되지 않겠어요?"

다나카 책방에 헌책을 팔러 왔다가 매입은 하지 않는다는 이야기를 들은 손님은 모두 깜짝 놀랐다. 그렇게 해서 책방이 유지

일곱 번째 동네 - 야네센

되냐고 걱정을 하며 팔기 위해 들고 온 헌책을 그냥 주고 가는 손님도 있었다. 책이 어느 정도 팔려 서가가 썰렁해지면 진보초에 가서 헌책을 사 왔다. 그래서 서가는 완벽하게 다나카 씨가 좋아하는 책으로만 구성되어 있다. 여행서, 건축에 관한 책, 그림책이 많다. 하얀 벽을 전시 공간으로 빌려주는 일도 많기 때문에 자유롭게 배치를 바꿀 수 있도록 서가에는 바퀴를 달았다. 서가의 높이도 벽의 반 정도밖에 되지 않는다.

네즈의 사랑방

다나카 씨는 거의 하루 종일을 책방 가장 안쪽 계산대 앞에 앉아서 보낸다. 손님이 오면 인사는 하지만 일부러 다가가 말을 걸지는 않는다. '파장'이 맞는 사람은 책도 얼마 없는 이 좁은 공간에 몇 시간이고 머무른다. 잡지 등 매체에서 다나카 씨의 독특한 이력을 소개한 후로 멀리서 찾아오는 손님도 늘었지만 다나카 책방을 지탱해 주는 건 역시 동네 사람들이다.

점심을 차려서 가져다주기도 하고 공연 이벤트를 열어 책방 앞이 소란스러워도 너그럽게 이해해 준다. 동네 아이들은 활짝 열린 입구에서 큰 소리로 "아저씨!"를 찾는다. 문이 없기 때문에 줄넘기를 하면서 책방으로 들어온 아이도 있었다고 한다. 책방 한쪽에는 삐뚤빼뚤한 글씨로 쓴 편지가 있다.

'다나카 책방 아저씨에게. 언제나 지켜봐 주셔서 고맙습니다. 앞으로도 잘 부탁 드려요.'

하루 종일 손님이 없는 날도 있지만 그런 날에도 동네 사람들은 쓰윽 고개를 내밀고 다나카 씨의 안부를 챙긴다.

"이 동네에서 맺은 인연이 참 소중해요. 속상한 건 벌이가 그다지 좋지 않으니까 다른 가게에 가서 물건 사기가 쉽지 않다는 거예요. 가게 앞을 그냥 지나갈 때마다 정말 죄송해요."

다나카 씨는 책방 문을 닫는 월요일에도 쉬지 않고 아르바이트를 한다. 시작할 때나 지금이나 헌책방 주인으로서의 자각은 없다고 몇 번이나 말하지만, 다나카 책방은 어느새 네즈에 없어서는 안 될 존재가 되었다.

여행은 우리의 힘

예전에 다나카 씨를 사진 작가라고 소개한 신문 기사를 읽은 적이 있는데 계산대 오른쪽에 꽤 멋진 흑백 사진이 붙어 있었다.

"이 사진 직접 찍으신 거예요?"

"네, 맞아요! 제가 찍었어요. 원래는 종이 한 장에 크게 인화해서 붙여 놓고 싶었는데 너무 비싼 거예요. 그래서 A4 용지 네 장에 들어가게 편집한 다음에 편의점에서 인쇄했어요."

생각지도 못한 대답. 자세히 보니 종이를 이어 붙인 티가 났다. 벽 한쪽을 크게 차지한 비행기 사진을 보면서 다나카 씨는 떠나고 싶은 마음을 달래는 것일까.

"여행할 때는 배낭 하나만 메고 돌아다녀요. 손에는 읽다 만 책을 들고서요. 명함의 배낭 멘 사람 그림은 친구가 그려 줬는데 여행할 때 제 모습과 똑같아서 깜짝 놀랐어요."

몇 년 전, 유럽 배낭여행을 하다가 1년에 9개월은 아르바이트

ご自由にお手に取って
お読みください。

タナカボンヤ

THE BUNYIP of
BERKELEY'S CREEK

Story by Jenny Wagner
Pictures by Ron Brooks

를 하고 3개월은 여행을 하는 사람을 만난 적이 있다. 다나카 씨도 헌책방을 열기 전까지는 아르바이트를 하면서 여행을 다녔다. 그는 여러 나라나 도시를 돌아다니지 않고 한 장소에 오래 머무르며 단골가게를 만들고 동네 사람과 친해지는 여행자였다고 한다. 나하에서 기간 한정 헌책방을 하게 된 것도 오키나와 여기저기 돌아다니지 않고 나하에만 머물렀기 때문이다.

나 역시 다나카 씨와 비슷하다. 배낭을 메고 한 나라를 오래 여행한다. 그 덕분에 그 나라에 대한 책까지 낼 수 있었다. 여행이 지금의 다나카 씨와 나를 만들었다. 파장이 맞는 두 사람이 만나 새로운 파장을 만들어 낸다. 햇살이 책방 안으로 슬며시 들어와 두 사람의 얼굴을 비추었다.

걸어서 함께 찾아가기 좋은
야네센의
동네책방들

책방지기들의 비밀 아지트
야네센 편

고서 반고북스(古書バンゴブックス)

아늑한 분위기의 작은 헌책방

ⓐ 도쿄도 다이토구 야나카 2-5-10
   (東京都台東区谷中2-5-10)
ⓣ 03-6326-5388
ⓞ 12:00~19:00
ⓓ 화
ⓗ bangobooks.com

북스 앤 카페 부장고
(books&café BOUSINGOT)

프랑스 문학과 칵테일 한잔에 취할 수 있는 곳

ⓐ 도쿄도 분쿄구 센다기 2-33-2
   (東京都文京区千駄木2-33-2)
ⓣ 03-3823-5501
ⓞ 해질 무렵 ~ 23:00
ⓓ 화(공휴일인 경우 영업)
ⓗ www.bousingot.com

쓰바메 북스(ツバメブックス)

오래된 물건이 가득한 원더랜드

ⓐ 도쿄도 분쿄구 네즈 1-21-6
   (東京都文京区根津1-21-6)
ⓣ 03-3822-7480
ⓞ 12:00~18:00
ⓓ 화, 수
ⓗ biscuit.co.jp/webshop

야요이자카 미도리노혼다나
(弥生坂緑の本棚)

책과 식물이 함께하는 오아시스 같은 책방

ⓐ 도쿄도 분쿄구 야요이 2-17-12 노쓰제2
   빌딩 1층(東京都文京区弥生2-17-12
   野津第二ビル1F)
ⓣ 03-3868-3254
ⓞ 화, 수, 금, 토 13:00~21:00(일 18:00)
ⓓ 월, 목은 부정기 휴무
ⓗ www.midori-hondana.com

"무조건 '비어펍 이시이'죠!"

고서 호로의 미야지 겐타로

비어펍 이시이(ビアパブイシイ)

일본 전국의 수제 맥주를 맛볼 수 있는 펍

ⓐ 도쿄도 다이토구 야나카 3-19-5
   유키 빌딩 1층(東京都台東区谷中
   3-19-5 結城ビル1F)
ⓣ 03-3828-7300
ⓞ 17:00~25:00/일 15:00~22:00
ⓓ 월
ⓗ www.beerpub-ishii.com

"야네센에 좋아하는 가게가 너무
많아서 고르기 힘들어요. 그래도
하나를 꼽자면 직물 공방인 '르
포와르'를 추천해요. 매장에서
직조를 하는 모습을 볼 수 있어요.
귀여운 강아지 점장이 맞아
준답니다."

히루네코 북스의 고바리 다카시

르 포와르(le poilu)

직물 공방 겸 판매장

ⓐ 도쿄도 다이토구 야나카 2-3-3 1층
   (東京都台東区谷中2-3-3 1F)
ⓣ 03-3823-4008
ⓞ 11:00~19:00
ⓓ 화
ⓗ orimoyou.com

"'카페 노마드'! 여행을 좋아하는 사람에게는 가슴 떨리는 이름이죠? 제철 과일 쇼트케이크와 커피가 같이 나오는 세트 메뉴를 추천합니다."

다나카 책방의 다나카 고지

카페 노마드(カフェNOMAD)

딸기 케이크가 유명한 카페

ⓐ 도쿄도 분쿄 구 네즈 2-19-5 지바네즈 빌딩 1층(東京都文京区根津2-19-5 千葉根津ビル1F)
ⓣ 03-3822-2341
ⓞ 14:00~23:00
ⓓ 수, 첫째와 셋째 화

갤러리 네코마치(ギャラリー猫町)

고양이에 관련된 작품만 전시하는 갤러리

ⓐ 도쿄도 다이토 구 야나카 2-6-24 (東京都台東区谷中2-6-24)
ⓣ 03-5815-2293
ⓞ 전시 일정에 따라 달라짐
ⓗ gallery.necomachi.com

아사쿠라 조소관(朝倉彫塑館)

일본 유명 조각가 아사쿠라 후미오의 저택

ⓐ 도쿄도 다이토 구 야나카 7-8-10 (東京都台東区谷中7-18-10)
ⓣ 03-3821-4549
ⓞ 9:30~16:30
ⓓ 월, 목(공휴일인 경우 개관), 연말연시
ⓗ www.taitocity.net/zaidan/asakura

고쓰토 카페+숍 (COUZT CAFE+SHOP)

커피만큼 식사도 맛있는 카페

ⓐ 도쿄도 다이토 구 야나카 2-1-11 (東京都台東区谷中2-1-11)
ⓣ 03-5815-4660
ⓞ 11:30~23:00
ⓗ www.couzt.com

ⓐ 주소 / ⓣ 전화 / ⓞ 영업시간
ⓓ 정기휴일 / ⓗ 홈페이지

진보초
神保町

● 미즈호 은행　★ 쇼쿠다이

● 탈리스 커피

● 기타자와 서점

● 사쿠라 호텔 진보초

간다 히토쓰바 중학교

한 손엔 헌책을 들고 중절모를 쓴 멋쟁이 할아버지를
만날 수 있는 동네 진보초. 명실상부 일본을
대표하는 책의 거리다. 산세이도 서점, 도쿄도 서점
등 대형서점도 많지만 진보초의 진짜 매력은 영화,
건축, 패션 등 전문성이 돋보이는 작은 헌책방들이다.
번거로운 지도 없이, 별다른 계획 없이 골목 곳곳의
책방을 돌아다니며 보석 같은 한 권과 만나기를
기대한다.

메이지 대학

마루카우동

쇼센 그란데

진보초

난쿄도

사사 JTB

맥도날드

본디

사보우루

산세이도 서점

이와나미 홀

책거리

갤러리
커피점
고세토

약기
전문점

약국

마그니프

다이소

하이란즈바

도쿄도 서점

난요도 서점

파출소

진보초
화랑

진보초 속 작은 한국 책방
책거리(CHEKCCORI)

주소	도쿄도 지요다구 간다 진보초 1-7-3 산코도 빌딩 3층
	(東京都千代田区神田神保町1-7-3三光堂ビル3F)
전화번호	03-5244-5425
영업시간	12:00~20:00
정기휴일	일, 월
찾아가는길	지하철 한조몬 선, 도에이신주쿠 선, 도에미타 선 진보초 역
	A5, A7 출구에서 걸어서 2분
홈페이지	www.chekccori.tokyo

라인 강은 바람에 자유롭게 몸을 맡기며 쉬지 않고 흘렀다. 아이들은 홀렁홀렁 옷을 벗어 던지고 강으로 뛰어들었다. 꽤 큰 선박이 오가며 파도가 치는데도 강바닥의 자갈이 유리처럼 빛났다. 평일 오후 3시부터 팔뚝만 한 맥주잔을 부딪치는 사람들의 얼굴이 햇살보다 밝았다. 강을 따라 산책하는 발걸음이 빨라졌다. 어서 가서 라멘을 먹고 일본어로 된 책을 읽어야지. 뒤셀도르프는 독일에서 일본인이 가장 많이 사는 도시다.

두 달 이상 한국을 떠나면 무엇이 가장 그리워질까. 많은 사람이 얼큰하고 뜨끈한 우리네 음식을 꼽을 것이다. 음식도 잠자리도 가리지 않는 무던한 성격이라 그런지 몰라도 나는 우리네 말과 글이 가장 그리워진다. 75일 동안의 독일 여정 중 3분의 1이 지났을 때 도착한 도시가 뒤셀도르프였다. 일본 가게가 모여 있는 거리를 걷다가 눈에 띈 것이 만화 카페! 조금 더 걸으니 작은 책방이 두 개나 나왔다. 독일에서 일본인이 '가장 많이'라고 하지만 고작 7천 명 정도가 모여 사는 도시에 일본어로 된 책이 있는 공간이 세 곳이나 된다는 사실이 놀랍고 부러웠다.

도쿄에는 10만 명이 넘는 한국어 사용자가 산다. 2006년엔 나도 그중 한 명이었다. 6개월은 다른 나라의 말을 익히기에는 짧지만 모국어로 된 책 다섯 권으로 버티기에는 너무 긴 시간이었다. 한국 방송의 비디오는 어딜 가든 쉽게 구할 수 있는데 책은 그러지 못하는 현실이 속상했다. 일본과 독일 사이가 아닌 일본과 한국 사이인데도 말이다. 그때 책방 '책거리'가 있었다면 모국어에 대한 갈증이 조금 덜어졌을까.

지금 만나러 갑니다

진보초에 몇 번이나 왔는지 정확히 기억은 안 나지만 이상하게 올 때마다 구름이 잔뜩 껴 있거나 비가 오곤 했다. 첫 방문이 2006년, 한국에서 들고 온 책 다섯 권을 2주 만에 다 읽어 버리고 진보초를 찾았다. 출판강국 일본이 자랑하는 책의 거리라고 하니 여기에 오면 전 세계의 언어로 된 책이 있을 것 같았는데 헌책방에서도 한국어로 된 책은 찾지 못하고 터덜터덜 돌아갔던 기억이 난다. 이 거리는 변함이 없다. 무겁게 가라앉은 구름 아래 우산을 한 손에, 문고본을 한 손에 든 와이셔츠 입은 남자의 뒷모습이 잘 어울리는 거리다.

햇살이 부서지는 맑은 토요일, 아침부터 진보초는 벅적벅적했

다. 지하철 역 A7 출구 바로 옆, '고봉 나폴리탄 스파게티'로 유명한 오래된 가게 '사보우루(さぼうる)' 앞에는 벌써 기다리는 줄이 생겼을 정도였다. 1903년 개업한 고서점 '잇세이도 서점(一誠堂書店)'을 지나 대형 신간 서점인 '산세이도 서점(三省堂書店)'까지 왔는데 목적지인 책거리가 나타나지 않았다. 지도엔 잇세이도 서점 바로 옆이라고 표시되어 있다. 의아한 마음에 이번엔 빌딩 입구를 꼼꼼히 살펴보면서 되돌아갔다.

이런, 도착하고 보니 정말 잇세이도 서점의 바로 옆이었다. 나무로 인테리어한 1층 식당 때문에 책거리의 나무 간판이 눈에 띄지 않았다.

책거리의 문 앞에 서서 곧 만날 사람을 떠올리니, 날은 습한데 자꾸만 침이 말랐다. 한국과 일본에 각각 몸이 있어야 할 정도로 바쁜데도 하루에 책을 두세 권씩 읽는 사람, 좋은 한국 책을 일본어로 번역 출간해서 소개하고 있는 사람, 그것도 모자라 오래된 가게가 많은 진보초에 서점을 꾸리고 까다로운 이웃들에게 인정받은 사람, 이걸 15년 만에 낯선 땅에서 해치워 버린 사람. 느릿느릿하고 어설프기만 한 내가 그 기에 눌리지나 않을지. 잔뜩 긴장한 채로 3층 책거리의 문을 열었다.

도쿄 한복판에서 한국문학을 외치다

따뜻한 노란 조명이 긴장을 조금 누그러뜨려 주었다. 아니 실은 외국에서 만나는 모국어가 나를 안아 주는 것 같았다. 한국어로 된 책이 있고 한국어로 이야기를 나누는 사람이 눈앞에서

チェッコリ CHEKCCORI

BOOK STORE & CAFE

「チェッコリ」はカンコクで
何か習いごとが終わったあとに
やるパーティーのこと。

韓国の文学や文化と、
マッコリや茶を共に
楽しむ、あたらしい
くつろぎの
空間。

本

マッコリ

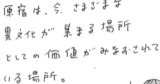

のようなポップなカルチャー
だけではない。
韓国のもう少し深い
カルチャーがあつめられて
いる。

たとえば、
場所は原宿に。

原宿は、今、さまざまな
異文化が集まる場所
としての価値がみなおされて
いる場所。

本を
買ったり
読んだり
見てたのしん
だり

あまり気どらずに、
それほど "韓国" を
全面に
出さず、

雑貨
もあったり
文房見も
あったり

気

日常の延長
で韓国のいろいろな
ディテールにふれあえる

飲んでくつろぐ

©CHEKCCORI

분주히 움직이고 있다는 사실만으로 마음이 편해졌다.

"저기, 안녕하세요. 연락 드렸던 양미석이라고 하는데요."

계산대에 있는 사람에게 조심스럽게 말을 건네니 안쪽 서가에서 우렁찬 목소리가 돌아왔다.

"어서 오세요!"

쿠온 출판사와 서점 책거리를 낳은 김승복 대표님을 드디어 만났다.

내주신 식혜를 단숨에 비우고 매장 안을 둘러보았다. 에어컨 옆의 벼락닫이 창, 벽에는 김홍도의 '서당' 액자와 노리개, 훈민정음이 쓰인 한지, 장구 모양 의자까지. 한국의 전통미를 보여 주기 위해 고민한 흔적이 엿보였다. 서가는 장르에 따라 확실하게 구분되어 있고 한국어로 된 책이 대부분. 일본어로 번역된 책 중에는 만화 〈미생〉과 소설 〈채식주의자〉가 눈에 띄었다. 〈채식주의자〉의 일본어판은 2010년에 나왔다. 쿠온 출판사의 '새로운 한국 문학 시리즈'의 제 1탄이 바로 〈채식주의자〉였던 것. 〈채식주의자〉가 2016년 맨부커 인터내셔널 상을 받은 이후 판매가 급증해 만 부 가까이 팔렸다고 한다.

계산대 맞은편 서가에 새로운 한국 문학 시리즈가 한국어 원서와 함께 놓여 있었다. 한국어 원서는 출판사가 다 달라 제각기 개성을 뽐내고 있다면 일본어판은 참 단정했다. 한 권을 샀으면 그 다음 권도 사서 내 책꽂이에 꽂아 놓고 싶은 디자인, 시리즈를 죽 모으고 싶은 디자인이다. 한국에서 유명한 작가, 많이 읽힌 작품이라도 일본에는 거의 알려져 있지 않은데 어떻게 해야 독자의 관심을 끌 수 있을까. 김 대표님이 내린 결론은 아름다운 장정이었다. 한국어를 이해하지 못하는 사람이라도 눈이 머물 수밖에 없는 아름다운 책을 만들자.

일본 소설을 읽으며 보낸 시절

난 해외 여행을 갈 때마다 그 나라 언어로 된 책을 꼭 한 권씩 사오는데 선택의 기준은 언제나 '보기에 예쁜 책'이다. 중국어를, 슬로베니아어를, 독일어를 하지 못하니 어쩔 수 없다. 읽지 못하는 책이지만 그 책을 계기로 그 나라의 언어를 공부하게 될지도 모르고 그 나라의 문화를 더 깊게 이해할 수 있을지도 모를 일. 새로운 한국 문학 시리즈의 표지가 짊어진 역할이 이와 같다면 조금 거창한가? 표지 디자인은 우리나라에도 많은 팬을 거느리

고 있는 아트 디렉터 요리후지 분페이(寄藤文平)가 맡았다. 그는 책거리를 만들 때 김 대표님의 머릿속에서 맴돌던 이미지를 그림으로 그려 주기도 했다.

지금까지 나온 열네 권 중 읽은 책은 〈채식주의자〉와 〈죽은 왕녀를 위한 파반느〉 겨우 두 권이다. 그러고 보니 내 방 책장엔 한국 문학보다 해외 문학이 훨씬 더 많다. 그중 반 정도가 일본 소설이다. 〈노르웨이의 숲〉이 아직 〈상실의 시대〉였던 고등학교 1학년 때 일본 소설을 처음 접했다. 열일곱 살이 감당하기에는 어려운 내용이었지만 묘하게 몽환적인 냄새를 풍기는 수상함이 좋았다. 일본어 원서를 읽고 싶어 일본어 공부를 시작했고 결국 대학에서 일본 정치를 전공하기까지 했다. 한 해에 한국어로 번역되는 일본 문예물은 9백여 종에 이른다고 한다. 그에 반해 일본어로 번역되는 한국 문학은 20여 종이 채 안 된다. 과연 같은 반 안에서 서로 책을 빌려주며 한국 소설을 읽는 일본 고등학생들이 있을까. 한국 소설을 많이 읽지는 않지만 내가 좋아하는 것을 남에게 소개하고 싶은 마음이라면 누구보다 잘 안다. 그래서 나는 낯선 땅을 여행하며 글을 쓰기 시작했고 김 대표님은 낯선 땅에 머물며 책을 만들기 시작했다.

어엿한 진보초의 일원

"사실 하라주쿠나 오모테산도도 좋았을 것 같아요! 거기가 사람이 훨씬 더 많이 다니는 곳이니까요."

책을 좋아하는 이에게 진보초가 특별한 의미를 가진 동네임은

틀림없지만 확실히 하라주쿠나 신주쿠, 긴자 등에 비하면 유동인구가 적은 편이다. 물론 그만큼 임대료가 저렴하다. 감당할 수 있는 임대료의 공간이 번화가에 있었다면 과감하게 그 곳을 택했을지도 모른다. 좋은 한국 책을 일본에 알린다는 목적을 이루기 위해서는 많은 독자를 만나는 게 무엇보다 중요하기 때문이다. 자의 반 타의 반으로 진보초에 둥지를 꾸렸지만 진보초의 장점은 번화가에 비해 저렴한 임대료뿐만이 아니었다. 오랜 시간 진보초를 지켜온 노포는 책거리의 든든한 이웃이, 노포 사람들은 김 대표님의 아군이 되어 주었다. 진보초의 역사 깊은 서점 이와나미 북 센터(岩波ブックセンター)의 대표 시바타 신(柴田信)은 책거리에서 강연을 한 후에 자신의 블로그에 "진보초 사람들은 책거리를 계속 응원할 것입니다"라고 쓰기도 했다.

책거리가 사람과 관계 맺는 법

경험에 비추어봤을 때 책거리를 찾는 손님은 모국어가 그리운 한국인이 많을 것이라 예상했는데 그렇지 않았다.

"한국어가 모국어가 아닌 사람이 훨씬 더 많이 와요. 한국어를 공부하는 일본인이나 재일교포가 그렇죠. 한국 드라마의 영향으로 여성 독자가 더 많을 것 같은데 그렇지도 않고요. 독서모임을 할 때 참가자 전원 다 남성 독자일 때도 있어요."

어차피 오다가다 슥 들를 만한 위치는 아니다. 일부러 책거리에 찾아오는 사람들이다. 손님이었다가 스태프가 된 경우도 있다. 한국어와 일본어 두 언어를 능숙하게 구사하는 스태프들은 김 대표님의 오른팔, 아니 양팔 양다리라고 해도 지나침이 없을 것이다. 책거리의 SNS를 보면 요일마다 점장이 달라지는데 그 점장들이 바로 이 스태프들이다. 토요일에 책거리를 지키는 '박 점장'은 교정·교열 회사를 다니는 '능력자'로 김 대표님은 진심 담긴 농을 그에게 던지곤 했다. 그들의 모습은 한 회사의 대표와 스태프의 관계라기보다는 예의를 지키며 서로를 존중하는 절친한 선후배 같았다.

4층 사무실에서 마주 보고 이야기를 나누는 동안 김 대표님의 여러 모습을 보았다. 조목조목 업계 용어를 사용하면서 설명해 줄 때는 영락없는 사업가, 〈세계 최고의 여행기 열하일기〉 독서모임에 대해 말할 때는 천생 문학소녀, 도쿄의 더위에 허덕이는 나에게 맛있는 점심 한 끼 먹여야겠다고 할 때는 동네 언니. 10년 넘게 외국에 살며 산전수전 다 겪은 냉혹한 사업가를 상상했던 것이 죄송스러울 정도로 유쾌하고 섬세한 사람이었다.

그냥 하고 있는 일의 특별함

"그냥 하고 있는 일인데 이렇게 많은 분들이 주목을 해 주시니까 좀 민망하네요."

어쩌면 모든 일이 다 그렇다. 내가 하고 싶은 일, 주어진 일을 묵묵히 해 나갈 뿐인데 상황과 주변 사람들이 의미 부여를 한다. 한국어에 능숙한 일본인 편집자가 좋은 작품을 먼저 알아보고 일본어로 번역 출간되는 경우가 1년에 5백 종 이상 되는 환경이라면 김 대표님이 가는 길이 그 무에 특별할 것이 있으랴. 그냥 하고 있다고 말하는 그가 참 고마울 따름이다.

한국으로 돌아오기 이틀 전, 진보초에서 한참 떨어진 동네에 있는 작은 책방에서 쿠온 출판사의 새로운 한국 문학 시리즈를 발견했다. 역시 무심코 손에 들어 보고 싶은 예쁜 장정이다.

"그 시리즈, 한 번에 많이 팔리지는 않지만 꾸준히 잘 나가요."

책을 들여다보는 내 뒤로 점원이 한마디 슥 던졌다. 몇십 년을 대형서점에서 근무하며 경험을 쌓은 사람의 말이기에 지나가는 말인데도 무게가 있었다. 언젠가 내가 쓴 책의 일본어판이 나올 날을 꿈꾸며 머쓱한 미소로 대답을 대신했다.

고양이 집사들의 천국
진보초 냥코도(神保町にゃんこ堂)

주소	도쿄도 지요다구 간다 진보초 2-2 아네가와 서점 내 (東京都千代田区神田神保町2-2姉川書店内)
전화번호	03-3263-5755
영업시간	12:00~20:00 (토, 공휴일~18:00)
정기휴일	일
찾아가는길	지하철 한조몬 선, 도에이신주쿠 선, 도에이미타 선 진보초 역 A4 출구로 나오면 바로
홈페이지	www.nyankodo.jp

오른손을 들고 있는 고양이는 재물을 부르고 왼손을 들고 있는 고양이는 사람을 부른다고 한다. 일본 어느 도시를 가든, 특히 식당에 가면 반드시 만나게 되는 고양이 인형 마네키네코. 에도 시대부터 지금까지 일본의 상인들은 매일을 마네키네코와 함께 해 왔다. 지금부터 진보초에 있는 작은 서점의 마네키네코 이야기를 해 보려 한다.

이야기는 삼색 털 고양이 '다마(たま)'가 와카야마 현 기시 역의 역장으로 임명된 2007년으로 거슬러 올라간다. 다마는 노선의 적자 해소를 위해 무인역이 된 기시 역에서 살게 된 고양이들 중 한 마리다. 처음엔 '어차피 무인역인데 역사에 사는 고양이를 역장으로 임명해 보면 재밌지 않을까' 정도의 생각이었다. 개인이 운영하는 조그만 가게의 '명물 고양이 점장'은 간혹 있지만 일본 민영철도의 정식 역장으로 취임한 고양이는 다마가 처음이었다. 국내에서뿐만 아니라 해외에서까지 다마를 보기 위해 손님이 찾아왔다.

다마가 가져온 경제 효과는 연간 11억 엔에 이르렀고 급기야 '네코노믹스(ネコノミクス, 아베 정권의 경제 정책인 '아베노믹스'에서 따온 단어)'라는 신조어까지 만들어 냈다. 2012년부터 2016년 4년 동안 반려묘는 30만 마리에서 987만 마리로 늘었다. 사료나 모래 등 고양이 용품을 제외한 고양이에 관한 책, 고양이 잡화 등의 판매로 인한 경제 효과만 2015년에 2조 엔을 훌쩍 넘어섰다. 이쯤 되면 다마는 정말 마네키네코로서의 역할을 톡톡히 했다고 볼 수 있지 않을까.

시들어 가는 작은 서점들, 그중 하나

2백여 개의 크고 작은 서점이 옹기종기 모여 있는 진보초에 '아네가와 서점(姉川書店)'이라는 작은 신간 서점이 하나 있다. 지하철 역에서 가깝고 사거리의 한 모퉁이를 차지하고 있어서 별다른 노력 없이도 그럭저럭 장사가 됐던 특별할 것 없는 그런 서점. 할아버지가 개업해 아버지가 물려받은 지 40여 년, 그 사이에 참 많은 변화가 있었고 경기 침체와 인터넷의 발달은 이 작은 서점에 직격탄을 날렸다. 주간지와 월간지에서 정보를 얻는 사람의 수가 점점 줄어들면서 서점 매출의 많은 부분을 차지했던 잡지들이 하나둘 폐간했다. 그리고 도매상에서 신간, 베스트셀러를 받기가 점점 어려워졌다. 독자의 기억에서 잊힐 즈음, 온라인

서점과 대형서점에서 팔 만큼 판 다음에야 구간이 된 책이 들어왔다. 드물게 찾아온 손님들은 찾는 책이 없으니 좁은 매장을 다 둘러보지도 않고 휙 나가 버렸다. '이 서점 도대체 장사할 생각은 있는 거야?'라며. 신간이 들어오지 않으니 손님의 발길은 끊기고, 책이 안 팔리니까 도매상에서는 신간을 보내주지 않는 악순환이 반복됐다.

'이제는 접어야 하나' 생각하면서도 몇십 년을 지켜온 서점을 놓는 일은 쉽지 않았다. 더 이상 버티기 힘든 지점까지 왔을 때 부부는 딸에게 제안했다. 이렇게 된 거 그만두기 전에 서가로 즐겁고 재밌는 일을 한번 해 보자고.

부엉이를 닮은 고양이 리쿠오

리쿠오(リクオ)는 와카야마 현에서 태어났다. 재밌게도 다마 역장과 동향이다. 다마 역장은 생을 마감할 때까지 고향을 지켰지만 리쿠오는 태어난 지 얼마 되지 않아 도쿄로 왔다. 아네가와 서점 주인 부부의 딸인 아네가와 유코(姉川夕子) 씨의 집으로. 사실 유코 씨는 고양이가 아닌 부엉이를 키우고 싶었다. 그런데 부엉이의 먹이인 지렁이를 냉장 보관해야 된다는 사실을 듣고는 마음을 접었다. 그러다가 부엉이와 얼굴 생김새가 닮은 고양이인 스코티시폴드의 사진을 한 분양업자의 홈페이지에서 발견했다. 12년 전에는 유기묘 입양에 대해서 전혀 알지 못했기 때문에 분양업자에게 연락을 해 봤으나 책임비가 생각보다 비싸서 또 단념했다. 두 달 후, 그 분양업자에게 연락이 왔다. 쇼에 내보내려

던 수컷 고양이가 한 마리 있는데 내보내지 않기로 했으니 키워 보지 않겠냐고. 무척이나 아쉬워했던 유코 씨를 기억하고 연락을 준 것이었다. 얌전하고 조용한 고양이 리쿠오는 그렇게 유코 씨의 파트너가 되었다.

리쿠오가 오고 나서 유코 씨의 일상은 조금씩 변했다. 고양이 알레르기가 있기 때문에 매일 부지런히 청소를 해야 했다. 혼자 있으면 지나간 일을 붙잡고 후회하기 일쑤였는데 리쿠오와 함께 있으니 그런 시간이 줄어들었다. 가장 큰 변화는 회사원이었던 유코 씨가 아네가와 서점을 잇기 위한 준비를 시작했다는 것이다. 지금은 리쿠오가 고양이 책 서점 '진보초 냔코도'의 점장, 유코 씨가 리쿠오의 비서로 일하고 있다는 설정이다.

사람들의 발길을 붙잡는 서가

"아버지의 요구는 단 한 가지였어요. 사람들의 발길을 붙잡는 서가. 판매나 수익은 생각하지 말고 그런 서가를 만들어 달라고 하셨죠."

신간에 구애 받지 않는 서가를 꾸리기 위해서는 확실하게 색을 입힐 필요가 있었다. 요가, 여행 등 여러 가지 주제를 생각해 봤지만 역시 고양이만 한 것이 없었다. 냔코도 준비에 박차를 가하면서 유코 씨는 자신이 고양이 책을 단 한 권도 읽지 않았다는 사실을 깨달았다. 구립도서관과 국회도서관을 찾아다니며 고양이 책을 읽고 냔코도에 들여올 책을 골랐다. 아울러 일본 최초의 캣 시터 서비스 제공업체의 고양이 학교에 다니며 고양이에

대해 체계적으로 공부했다. 고양이 학교에 다닌 덕분에 냔코도의 북커버와 간판, 자체 제작 상품을 디자인해 준 만화가 구마쿠라 다마미(くまくら珠美)와도 인연을 맺었다.

세 사람과 고양이 한 마리, 네 가족이 일치단결해 반년 동안 준비했다. 2013년 6월 10일, 아네가와 서점 안에서 서가 세 개로 냔코도의 영업을 시작했다. 개업하고 1년 정도는 크게 달라진 점이 없었다. 그래도 꾸준히 새 책과 잡화를 들여놓으며 서가 구성을 바꾸고 입간판도 만들었다. 부모님도 새로운 일에 재미를 느끼고 조금씩 활기를 되찾았다.

매출 하락의 원인 중 하나였던 인터넷도 적극 활용했다. 리쿠오는 나이가 많아 가게에 나오지는 못하지만 점장이자 SNS 담당으로 맹활약했다. 책이나 이벤트 관련 글보다 '좋은 아침입니다. 리쿠오 점장으로부터'라는 사진 한 장이 더 큰 인기를 끌었다.

애묘인의 성지

좁은 통로에 한 줄로 서서 책을 살펴봐야 할 정도로 사람으로 넘쳐나는 토요일 오후의 아네가와 서점. 잡지 서가 일부와 문고본이 꽂힌 서가를 제외하고는 전부 다 고양이 책이 꽂혀 있다. 언제 방문하더라도 4백여 종, 2천여 권의 고양이 책을 만날 수 있다.

유코 씨는 반드시 자신이 책을 읽어본 후에 입고를 결정한다. 표지가 보이도록 진열한다는 원칙을 지키면서 서가가 비었다고 아무 책이나 가져다 놓지 않는다. 2015년엔 〈고양이 책 전문 진보초 냔코도의 난더풀한 고양이 책 100선 猫本専門 神保町にゃん

こ堂のニャンダフルな猫の本100選〉이라는 제목의 책을 쓰기도 했다. 서가 세 개로 시작했을 때는 상상도 못 했던 일이다.

"오픈하고 얼마 안됐을 때는 여성 손님이 90퍼센트였어요. 남성 손님은 조용히 들어와서 필요한 책만 사고 서둘러 나갔죠. 지금 은 남녀 비율이 반반 정도 돼요."

끊임없이 계산을 하는 유코 씨의 부모님은 피곤한 기색이라곤 전혀 없었다. 오히려 즐거워 보였다. 손님들은 계산을 하며 자기 집 고양이, 밥을 주는 길고양이에 대해 이야기했다. 뒤에 있는 손 님이 불쑥 끼어들어도 원래 알고 지내던 사이마냥 온화한 분위 기가 흘렀다. 입구에는 수십 장의 고양이 사진이 붙어 있다. 손님 들이 붙여 놓고 간 사진이다. 사진을 놓고 간 손님은 내 새끼 사

　　　　　　　　　　　　　　여덟 번째 동네- 진보초

진이 보고 싶어 다시 냔코도를 찾고 애묘인 친구에게 자랑을 한
다. 고양이 사료가 새로 나오면 샘플 사료를 나눠 주는 행사를
냔코도에서 하고 유기묘 입양 홍보를 위한 행사 역시 중요하게
생각한다. 냔코도는 단순히 고양이 책 서점이 아닌 애묘인의 사
랑방 역할을 톡톡히 하고 있다.

라스트 스퍼트가 새로운 시작으로

지난번 방문했을 때 짐이 많아 책을 사지 못했기에 평일 영업시
간이 끝나갈 즈음 다시 냔코도를 찾았다. 늦은 시간이라 손님
은 없었지만 쓸쓸하지 않았다. 불과 3년 전까지만 해도 '장사할
생각 없는 서점' 취급 받던 곳이라니 믿기지 않는 대변신이다.
유코 씨의 아버지가 바랐던 대로 냔코도는 사람들의 발길을 붙
잡는 서가, 아니 이젠 사람들이 찾아오는 서점이 되었다. 무언가
홀린 듯 소설, 만화, 사진집, 잡지 골고루 섞어 여섯 권이나 고르
고 말았다. 거기에 냔코도 자체 제작 엽서와 손수건까지. 머릿속
으로 '이거 한국까지 어떻게 들고 가지. 수하물 무게 초과되면 안
되는데'라고 생각하는데 손이 말을 듣지 않았다.
"책 커버 씌워 줄까?"
"네! 다 씌워 주세요!"
유코 씨의 아버지가 한 권씩 커버를 씌워 주었다. 느린 손끝에서
정성이 묻어났다. 책을 봉투에 담은 후 커버를 한 장 더 꺼내 느
슨하게 돌돌 말아 노란 고무줄로 고정했다.
"구겨지지 않게 조심해서 가져가."

아무리 유명해졌어도 냔코도를 지키는 사람은 50여 년을 한결같이 이 일을 해온 동네 서점 아저씨다.

없어질 뻔했던 동네 서점은 이렇게 되살아났다. 라스트 스퍼트라고 생각했는데 그 끝은 결승점이 아닌 새로운 출발점이었다. 부모님이 은퇴한 후에는 유코 씨가 뒤를 이을 예정이다.

"동네의 작은 서점이 살아남기가 점점 더 어려워지고 있어요. 하지만 몇몇 작은 서점들은 궁리를 거듭하며 위기를 헤쳐 가고 있어요. 앞으로 작지만 재미있는 서점들이 더 많아질 거라고 생각해요. 저희도 작은 서점이라서 할 수 있는 일을 계속할 거예요."

책과 사람과 시간이 만나는 순간
간다 헌책 축제와 진보초 북 페스티벌

열차가 진보초에 도착하자 같은 칸에 타고 있던 승객 대부분이
내렸다. 모두 호기심 가득찬 눈빛이었다. 나 역시 마찬가지. 이제껏
경험해 보지 못한 백만 권 책의 바다 속에서 과연 어떤 책들과
만나게 될까.

전날인 금요일은 하루 종일 비가 왔다. 서점과 출판사가 거리로
책 수레를 끌고 나와 손님을 맞이하는 것이 축제의 주요 행사인데
제대로 준비할 수 있을까 싶을 정도로 쉬지 않고 내렸다.

북 페스티벌의 첫째 날인 토요일 아침에도 하늘엔 먹구름이 잔뜩
꼈지만 다행히 빗방울이 떨어지지는 않았다. 늦가을, 두 개의
큰 행사가 사람들을 진보초로 불러 모은다. 2016년으로 57회를
맞이한 '간다 헌책 축제(神田古本まつり)'와 26회를 맞이한 '진보초

북 페스티벌(神保町ブックフェスティバル)'이 그것이다. 축제를
즐기기만 하면 되는 입장에서는 두 행사가 마치 하나처럼 느껴졌다.
굳이 차이점을 꼽자면 전자는 헌책방이 주체고 후자는 신간 서점과
출판사도 함께한다는 정도일까.

야스쿠니 거리와 하쿠산 거리가 교차하는 진보초 사거리로
나오자마자 거리를 메운 책 수레에 시선을 빼앗겼다. 거리 판매와
매장 판매가 동시에 진행되고 있어 인도가 상당히 좁아졌지만
불만을 토하는 사람은 없었다. 아니, 오히려 거리에는 묘한 정적이
흘렀다. 사람들이 온통 책을 고르는 데에만 정신이 팔려 있었기
때문이다. 다들 어찌나 진지한지 나 같은 초짜는 감히 어깨조차
들이밀지 못할 것 같았다. 큰길에서 한 뼘 들어간 스즈란 거리의
분위기는 또 달랐다. 화려한 현수막, 음식 냄새, 손님을 부르는 소리
등 눈, 코, 귀의 모든 감각을 사방에서 끌어당겼다.

2016년은 나쓰메 소세키의 100주기가 되는 해여서 10월 내내

주말마다 그의 흔적을 찾는 이벤트를 진행했다. 행사 본부에서 책자를 하나 받아 들고 지도를 보며 발길을 옮겼다. 여러 사람과 부딪혀 가며 겨우 큰길로 빠져나오니 길 건너편에 '아이 러브 진보초'라고 쓰인 붉은 현수막이 보였다. 여기서부터 진보초의 터줏대감인 아주 오래된 서점들과 만날 수 있다.

현수막을 지나 바로 다음 건물 1층에 '이와나미 북 센터'가 있다. 이와나미 북 센터는 헌책방에서 시작해 나쓰메 소세키의 〈마음〉을 출간하며 출판업에도 진출한, '이와나미쇼텐(岩波書店)'에서 출발했다. 대학원에서 일본 정치를 배울 때 '이와나미 신서'와 잡지 〈세카이 世界〉의 도움을 많이 받았기에 익숙한 이름이다. 현재 이와나미쇼텐은 출판사의 이름이고 이와나미 북 센터는 서점으로 독립했지만 여전히 밀접한 관계를 맺고 있다.

수백 개의 서점이 눈에 띄는 간판과 현수막을 이용해 자신의 존재를 드러내기에 바쁜 진보초에서 이와나미 북 센터의 간판은 '이래도 되나?' 싶을 정도로 수수했다. 처음 방문했을 때는 혹시 잘못 찾아온 것은 아닐까 해서 백 년 전 간판을 그대로 쓰고 있는 '야구치 서점(矢口書店)'까지 갔다가 되돌아오기도 했다. 소세키가 직접 썼다는 이와나미쇼텐의 간판은 이와나미 북 센터가 아닌 출판사의 로비에 걸려 있다고 한다.

이와나미 북 센터에는 여느 토요일 오후와 그다지 다르지 않은 공기가 흘렀다. 축제의 소란함에서 한순간에 다른 세계로 이동한 것 같았다. 우연이라도 젊은 사람들이 들를 법도 하건만 들어서서 설핏 둘러보니 손님의 대부분이 노신사들이었다. 진보초 근처에는 대학이 많다. 노신사들 중에는 부근의 대학에 입학해 이 거리에 발을 들여놓은 이후부터 꾸준히 찾는 손님도 있을 터. 일본에선 한 가게에 몇십 년씩 다니는 단골이 드물지 않다. 진보초에 있는 서점 중 50년 이상 된 서점을 헤아리려면 열 손가락이 모자랄 지경이고 이와나미쇼텐만 해도 책 판매를 시작한 해는 1903년, 〈마음〉을 펴낸 해는 1904년이니 무슨 말이 더 필요할까 싶다.

이와나미 북 센터가 유독 조용한 이유는 축제의 소란함과 대비되는 것도 있겠지만 서점의 얼굴이자, 반 평생 진보초를 지켜 온 시바타 신 씨의 부재 때문이기도 하리라. 진보초 북 페스티벌의 발기인이기도 한 시바타 씨는 축제를 2주 정도 남겨 두고 자택에서 고요히 숨을 거두셨다고 한다. 말 한 번 섞어 본 적 없는 타인임에도 불구하고 별세 소식을 듣고 가슴이 덜컹 내려앉았다. 몇 년 전쯤 '나비부라 진보초(ナビブラ神保町)'라는 웹사이트에서 인터뷰 기사를 읽고 시바타 씨의 존재를 알게 되었고 기사 내용 중 '진보초에서 내 역할은 야구 시합에서 공을 줍거나 경기 진행을 돕는 볼보이면

족하다'라는 말이 계속해서 머릿속에 남아 있었다. 언젠가 이와나미 북 센터에 가서 만나게 되면 그 말이 무슨 뜻인지 꼭 여쭙고 싶었다. 이와나미 북 센터에는 책과 서점에 관한 책만 모아 놓은 서가가 있다. 그곳에 표지가 잘 보이도록 나란히 놓인 두 책이 있다. 〈휘파람을 불며 책을 팔자:시바타 신, 마지막 수업 口笛を吹きながら本を売る:柴田信, 最終授業〉과 한국어 번역본인 〈시바타 신의 마지막 수업〉이다. 사람은 갔지만 책이 남아 있어 그 자리가 조금은 덜 스산하다고 위로해 보았다. (이와나미 북 센터는 경영상의 문제로 2016년 11월 문을 닫았다.)

착 가라앉은 기분은 밖으로 나와 사람들 틈바구니로 들어가며 금세 날아갔다. 다시 지도를 펴 들고 소세키의 흔적을 찾아 걸었다. 소세키가 영문학을 공부한 데이코쿠 대학, 즉 지금의 도쿄 대학이 처음 세워진 장소를 기념하는 비석이 있는 '가쿠시카이칸' 앞을 지나 가게 주인이 소세키를 위해 만든 메뉴가 아직도 남아 있는 식당 '쇼에이테'까지 찾아가니 진보초에서 꽤 멀어졌다. 간다 강 너머의 아키하바라가 더 가깝게 느껴질 정도의 위치였다. 이야기가 깃든 장소를 찾아다니는 일은 소세키의 팬이 아닌 내게도 꽤나 흥미진진했다.

서울보다 해가 빨리 지는 도쿄인지라 다시 진보초 사거리로 돌아왔을 땐 이미 어둠이 내리고 있었다. 후드득 빗방울이 떨어지기 시작했다. 사람들 틈을 밀치고 들어가 책을 고를 정도의 박력이 없어 계속 빈손으로 다녔는데 잠시 한산해진 틈을 타 재빠르게 책을 몇 권 샀다. 도쿄고서회관에서 봤던 1920년에 런던에서 인쇄한 〈해저 2만리〉가 눈앞에 아른거렸지만 지금은 2000년에 고단샤에서 나온 문고로 만족하기로 했다. 16년의 항해 끝에 나에게 닿은 한 권을 손에 들고 축제의 바다를 빠져나와 육지에 발을 디뎠다.

도쿄를 더 깊게 즐기는 방법

북 페스티벌

한 상자 속 작은 우주
히토하코후루혼이치(一箱古本市)

고서 호로의 미야지 씨 부부와 이야기를 나눌 때 이름이 언급되었던
시노바즈 북 스트리트 프로젝트의 발기인 난다로 아야시게 씨의
아이디어에서 비롯된 축제다. 상자 하나(히토하코)에 헌책(후루혼)을
담아 장터(이치)를 꾸리는 행사로 2005년 야네센에서 시작했다.
다른 헌책 축제와 달리 신청만 하면 누구나 '점주'가 되어 책을 팔
수 있다. 장소는 야네센의 상인들이 내어 준다. 교회나 노인복지관
등의 건물 앞 공간을 사용할 때도 있다. 점주는 지정된 장소에
상자를 놓고 장소를 내준 사람은 '건물주'가 된다. 난다로 씨는
히토하코후루혼이치에 출품되는 상자 하나 하나를 작은 우주라고
말한다. 2005년 75개의 책 상자로 시작한 히토하코후루혼이치는

이제는 70여 개 지역에서
열리고 있으니 작은 별들이
점점이 일본 전역으로
흩뿌려진 셈이나 다름없다.
원조인 야네센의 행사는
네즈 신사에 철쭉이 만발하는
5월 초에 열린다.

홈페이지 sbs.yanesen.org

ⓒ不忍ブックストリート実行委員会

여덟 번째 동네- 진보초

책 한 권의 예술

도쿄 아트 북 페어(THE TOKYO ART BOOK FAIR)

한가위 연휴 기간 동안 SNS에 'TABF'란 해시태그를 단 게시물이 쉴 새 없이 올라왔다. 바로 도쿄 아트 북 페어의 머리글자를 딴 단어다. 가지 못한 아쉬움을 다른 사람의 후기를 보면서 달랬다. 도쿄 아트 북 페어는 독립출판물을 주로 다루는 도쿄의 책방 유토레히토와 런던의 창작자 팀인 '페이퍼백(PAPERBACK)'이 공동으로 설립한 '진스 메이트(ZINE'S MATE)'가 주최하는 아트 북 축제다. 2009년 이후로 꾸준히 내실을 다져온 결과 지금은 아시아를 대표하는 아트 북 페어로 거듭났다. 책뿐만 아니라 아직 발굴되지 않은 젊은 창작자의 작품을 만날 수도 있다. 매년 9월 열린다.

홈페이지 tokyoartbookfair.com

요요기 공원으로 진출하는 그 날까지

도쿄 북 파크(TOKYO BOOK PARK)

진보초 북 페스티벌과 같은 기간에 시모키타자와에서도 작은 책의
축제가 열렸다. 고가 밑에 마련된 공터에서 열리는 '도쿄 북 파크'.
참가자의 면면을 보니 노스토스 북스 등 젊은이들이 운영하는
색깔이 뚜렷한 헌책방들이 많았다. 좋은 비교가 될 것 같아 진보초
북 페스티벌에 다녀온 다음날에 찾아가 보았다. 장소도 좁고 올해가
첫 번째 행사라 소박한 규모였다. 하지만 부스 하나하나 둘러보는
데는 생각보다 시간이 걸렸다. 참가한 책방 대부분을 다 한 번씩
가 봤는데 크기만 줄인 채 그대로 옮겨왔다고 해도 좋을 정도로
각각의 개성을 잘 녹여냈기 때문이다. 홈페이지에는 '장기 목표는
요요기 공원에서 북 페어를 개최하는 것!'이라고 나와 있었다.
앞으로는 도쿄에서 가장 큰 플리마켓이 열리는 요요기 공원에서
도쿄 북 파크를 만나기를 기대해 본다.

홈페이지 tokyobookpark.com

ⒸTOKYO BOOK PARK

걸어서 함께 찾아가기 좋은

진보초의
동네책방들

난요도 서점(南洋堂書店)

파키스탄 최고재판소의 설계자 도키 신
(土岐新)이 설계한 건물에 자리한
건축 책과 예술서 전문 서점

ⓐ 도쿄도 지요다구 간다진보초 1-21
　(東京都千代田区神田神保町1-21)
ⓣ 03-3291-1338
ⓞ 10:30 ~ 18:30
ⓓ 일, 공휴일
ⓗ www.nanyodo.co.jp

도쿄도 서점(東京堂書店)

스즈란 거리의 랜드마크

ⓐ 도쿄도 지요다구 간다진보초 1-17
　(東京都千代田区神田神保町1-17)
ⓣ 03-3291-5181
ⓞ 10:00~21:00(일, 공휴일 20:00)
ⓓ 연말연시
ⓗ www.tokyodo-web.co.jp

마그니프(magnif)

패션 관련 자료가 충실한 헌책방

ⓐ 도쿄도 지요다구 간다진보초 1-17
　(東京都千代田区神田神保町1-17)
ⓣ 03-5280-5911
ⓞ 11:00 ~ 19:00
ⓓ 부정기 휴무
ⓗ www.magnif.jp

쇼센 그란데(書泉グランデ)

진보초 속 아키하바라를 느낄 수 있는 곳

ⓐ 도쿄도 지요다구 간다진보초 1-3-2
　(東京都千代田区神田神保町1-3-2)
ⓣ 03-3295-0011
ⓞ 평일 10:00~21:00(주말, 공휴일 20:00)
ⓗ www.shosen.co.jp/grande

책방지기들의 비밀 아지트

진보초 편

"진보초에서 카레를 먹는다면 무조건 '본디'죠! 식사 후에 차를 한잔 하고 싶다면 '갤러리 커피점 고세토'로 가시면 돼요."

진보초 난코도의 아네가와 유코

"제가 종종 한잔하러 가는 바 두 곳을 추천할게요. 진보초로 오기 전부터 다닌 곳들이죠. '하이란즈 바'는 백 년이 넘은 고서점 기타자와 서점의 막내딸이 하는 곳인데요. 이 언니가 한국말도 곧잘 합니다. '쇼쿠다이'는 진보초의 문단 바로 알려진 곳이에요. 신문기자, 편집자가 많이 찾는 곳입니다. 주인이 저희 책거리에도 얼굴을 종종 비치곤 한답니다."

책거리의 김승복

본디(ボンディ)

인도카레전문점

ⓐ 도쿄도 지요다구 간다 진보초 2-3
간다고서센터 빌딩 2층
(東京都千代田区神田神保町2-3
神田古書センタービル2F)
ⓣ 03-3234-2080
ⓞ 11:00~22:30
ⓗ bondy.co.jp

갤러리 커피점 고세토
(ギャラリー珈琲店古瀬戸)

실내가 온통 벽화로 둘러싸인 카페

ⓐ 도쿄도 지요다구 간다 진보초 1-7
NSE빌딩 1층
(東京都千代田区神田保町1-7
NSEビル1F)
ⓣ 03-3294-7941
ⓞ 10:30~23:00(일, 공휴일 21:00)
ⓗ www4.hp-ez.com/hp/
kosetocoffee/page7

하이란즈 바(ハイランズバー)

오래된 가구로 꾸민 실내가 인상적인 바

ⓐ 도쿄도 지요다구 간다 진보초 1-11 사토
빌딩 2층(東京都千代田区神田保町
1-11佐藤ビル2F)
ⓣ 03-3219-0600
ⓞ 19:00~24:00
ⓓ 일, 공휴일
ⓗ www.highlandsbar.jp

쇼쿠다이(燭台)

부담 없이 술 한잔을 즐길 수 있는
분위기의 바

ⓐ 도쿄도 지요다구 간다 진보초 2-4
제30야요이 빌딩 2층
(東京都千代田区神田保町2-4
第30弥生ビル2F)
ⓣ 03-3230-1553
ⓞ 19:00~26:00
ⓓ 주말, 공휴일

ⓐ 주소 / ⓣ 전화 / ⓞ 영업시간
ⓓ 정기휴일 / ⓗ 홈페이지

도쿄에서 만난
책방의 내일

神楽坂/
赤坂/下

우리 동네의 책방은 언제까지 내 곁에 남아 있을까? 하나둘 사라지는 추억 속 책방들을 바라 보며 발만 동동 굴리고 있을 때 이 고민의 답을 보여주는 사람들을 만났다. 우아하게 뒷짐 지고 책방이란 공간만을 지키는 것이 아니라 앞으로 10년 후, 20년 후에도 계속되기 위해 저마다의 방법으로 고군분투하고 있는 책방지기들. 책을 읽지 않는 사람들을 책방으로 불러들이기 위해 노력하는 그들이 있기에 아직 책의, 책방의 내일은 밝다.

가구라자카/
아카사카/시모키타자와

가구라자카
神楽坂

카모메 북스 ①

가구라자카

라 카구

가구라자카
모노가타리

패밀리 마트

우시고메카구라자카

기토스
카페

미야기 미치오 기념관

'작은 프랑스'라는 별명이 잘 어울리는 가구라자카.
프랑스인 학교가 있어서 예전부터 프랑스인이 많이
살았고 지금도 마찬가지다. 돌이 깔린 바닥은 파리의
뒷골목을 떠올리게 하고 카모메 북스의 테라스는
파리의 노천카페를 떠올리게 한다. 누군가 그
자리에 앉아 커피와 바게트를 앞에 두고 〈르 몽드 Le
Monde〉를 읽고 있어도 전혀 어색하지 않을 것 같다.

시로가네 공원

JCHO 도쿄신주쿠메디컬센터

갤러리 가와무라

와세다 거리

리소나
은행

프랑스 베이커리 폴

젠코쿠지 사원

긴레이 홀

이다바시

후지야

오메이샤 본점

도쿄 이과대학

일본 치과 대학

스타벅스

가구라자카

동네책방의 생존을 위한 연대

카모메 북스(かもめブックス)

주소	도쿄도 신주쿠구 야라이초 123 제1야라이 빌딩 1층 (東京都新宿区矢来町123第一矢来ビル1F)
전화번호	03-5228-5490
영업시간	월–토 10:00~22:00/ 일, 공휴일 11:00~20:00
찾아가는길	지하철 도자이선 가구라자카역 야라이 출구로 나오면 바로
홈페이지	kamomebooks.jp

3년 전 마지막 남은 책방이 사라지면서 집에서 걸어갈 수 있는 곳에는 이제 책방이 하나도 없다. 내가 사는 동네는 20여 년 전 제1차 수도권 재개발로 주변에 아파트 단지가 들어서기 전까지만 해도 지역의 중심이었다. 상설시장이 있고 시청이 있고, 어린 내 걸음으로도 총총 걸어갈 수 있는 가까운 거리에 책방이 세 개나 있었다. 인구 백만의 도시가 된 지금 전통시장 활성화 정책으로 시장은 여전히 건재하다. 옮긴다는 말이 매년 나오긴 하지만 시청은 인구가 늘어난 만큼 규모가 더 커졌다. 책방만 없어졌다.

처음 혼자 책방에 갔을 때를 아직도 선하게 기억한다. 정확히 말하면 혼자는 아니었다. 초등학교 1학년 꼬마가 두 살 어린 남동생을 데리고 같이 갔으니까. 어린이책만 파는 작은 책방이었는데 집에서 10분 정도 걸리는 언덕배기에 있었다. 지금은 무분별하게 지어진 다세대 주택들로 시야가 꽉 막혀 버렸지만 그때는 아름다운 해넘이를 볼 수 있는 장소였다. 점심을 먹고 별 생각 없이 집을 나섰다가 결국 해넘이까지 봤으니 여섯 시간 정도 아무 말 없이 집을 비운 셈이었다. 어두운 거리를 둘이서 돌아가기는 무서워 책방 아주머니에게 부탁해 집에 전화를 걸었다. 근처에 살던 친척들까지 혼비백산이 되어 뛰어왔다. 그때 처음으로 혼이 났다. 그 일이 있은 후 내가 원하는 책은 모두 손에 넣을 수 있게 됐으니 오히려 잘됐다고 해야 할까. 새로 생긴 아파트 단지로 이사를 갔다가 13년 만에 어릴 적 살던 동네로 돌아왔을 때 언덕 위의 책방은 이미 없었다.

그래도 시장 앞 책방은 여전히 남아 있어 급하게 책이 필요할 때

면 항상 거기서 책을 사곤 했다. 초등학교 6학년 때 시오노 나나미의 〈로마인 이야기〉를 그 책방에서 만났다. 총 15권으로 완결된 〈로마인 이야기〉는 15년 동안 매년 한 권씩 나왔다. 1996년 여름, 가족과 함께 유럽 여행을 갔고 이탈리아에 푹 빠져 돌아왔다. 마침 그해 봄에 〈로마인 이야기 4권 율리우스 카이사르 상〉이 한국어로 나왔다. 이탈리아란 나라에 대해 더 많이 알고 싶었던 나는 당연히 그 책을 집어 들었고 매년 책이 나올 때마다 시장 앞 책방에 가서 초판 1쇄를 사곤 했다. 책방이 없어진 자리에는 어디에나 있는 흔한 프랜차이즈 카페가 들어왔다.

이웃사촌 동네책방이 사라졌다!

2014년 4월 어느 월요일, 어느 때처럼 출근을 하던 야나시타 교헤이(柳下恭平) 씨는 굳게 닫힌 문 앞에서 한동안 멍하니 서 있을 수밖에 없었다.

"저희 가게는 4월 5일을 마지막으로 폐점합니다."

문에는 반세기 가까이 가구라자카를 지켜 온 동네책방 '분초도 서점(文鳥堂書店)'의 폐점을 알리는 종이가 쓸쓸하게 붙어 있었다. 야나시타 씨의 회사는 분초도 서점에서 세 건물 떨어진 곳에 있었다. 이웃사촌이었던 동네책방이 허무하게 사라졌다. 슬픔과 함께 엄습한 감정은 불안과 위기감. 야나시타 씨가 대표를 맡고 있는 '오라이도(鴎来堂)'는 문장이나 문서에 쓰인 잘못된 글자나 글귀, 내용을 바로잡는 교정·교열 회사다. 출판물 말고 온라인에 게시되는 글을 교정하기도 하지만 오라이도의 일감은

90퍼센트 이상이 출판물이다. '책이 안 팔린다', '동네의 작은 책방이 사라진다'는 이야기는 오라이도를 세운 2006년부터 계속 들었다. 너무 많이 들어서 오히려 둔감해질 정도로.

"제 주위엔 책을 좋아하는 사람이 많아요. 그래서 사람들이 책을 안 읽는 상황이라지만 별 생각 없이 계속 책을 만들어 왔어요. 그러나 매일 들렀던 분초도 서점이 문을 닫으면서 '정말 괜찮은 걸까? 15년 후에도 지금처럼 책 만드는 일을 할 수 있을까?'라는 의문이 생겼어요. 사실은 은퇴하면 책방을 만들까 했는데 말이죠."

결심부터 '카모메 북스'의 개업까지 6개월밖에 걸리지 않았다.

연결된, 또 독립된 세 개의 공간

처음 카모메 북스에 방문하는 날 이슬비가 내렸다. 서가와 전시 공간을 둘러보기 전에 먼저 따뜻한 카푸치노 한 잔을 시켰다. 카페 공간 군데군데 초록 화분이 있어 눈이 편안했다. 구름 같은 고운 거품이 올라간 카푸치노는 지금까지 마셔본 카푸치노 중에 다섯 손가락 안에 들어갈 정도로 훌륭했다. 그도 그럴 것이 직접 원두를 볶아서 쓰는 교토의 '위크앤더스 커피(WEEKENDERS COFFEE)'와 협업하고 있기 때문이다. 사실 방문하기 전에 위치를 확인하다 좀 당황했다. 구글 지도에서 카모메 북스를 검색하면 계속 위크앤더스 커피의 위치를 알려줬기 때문이다. 카모메 북스와 위크앤더스 커피, 그리고 안쪽의 갤러리인 '온도 가구라자카(ondo kagurazaka)'는 각각 독립된 공간이다.

"동네책방에 오는 사람들의 체류 시간은 평균 15분에서 20분 정도예요. 지나가는 길에 들러서 뭐 괜찮은 책 없나 살펴보다가 마음에 드는 책이 있으면 사서 나가는 유형이 많아요. 바닥부터 천장까지 꽉 들어찬 서가는 저도 좋아하지만 동네책방에 그렇게 많은 책을 두면 손님들이 과연 좋은 책과 만날 수 있을까라는 생각이 들었어요."

카모메 북스의 공간은 유기적으로 연결되어 있다. 입구로 들어서면 왼쪽이 카페고 오른쪽이 책방이다. 미로를 빠져나가듯 서가를 통과하면 정면은 갤러리, 왼쪽의 살짝 폐쇄된 공간은 만화 서가다. 책방의 크기에 비하면 만화 서가가 꽤나 충실하다. 이것도 역시 동네책방다운 부분이다. 분초도 서점은 전형적인 동네책방이었는데 한편으로는 신간 서점으로는 정말 드물게 책방에서 만화를 읽을 수 있도록 포장 비닐을 벗겨 놓은 곳이었다. 팬이 아니라면 심심풀이로 한 번 읽고 마는 만화의 특성상 쉽지 않은 결정이었을 것이다. 동네 사람들을 위한 세심한 배려가 고마운 책방이었다.

파이를 키우기 위한 몇 가지 방법

카모메 북스는 동네책방을 지향하지만 오로지 신간만 파는 옛날 동네책방으로는 더 이상 살아남을 수 없다는 사실을 잘 알고 있다.

"이제는 파이의 크기를 키워야 합니다. 원래부터 책을 좋아하고 읽는 사람은 가만히 둬도 책방에 와요. 평소에 책을 읽지 않는 사람을 어떻게 책방으로 불러들일 것인가, 그 점이 중요하다고 생각해요."

커피를 마시러 온 사람, 전시를 보러 온 사람의 관심을 책방까지 이끌기 위한 장치는 역시 매력적인 서가 구성이다. 입구에서 가장 가까운 곳에 있는 서가는 매달 바뀌는 특집 서가다. 7월의 주제는 '갈매기의 날개를 타고 여행을 떠나자'였다. 책을 펼친 모양을 옆에서 보면 갈매기가 나는 모습과 닮았고 카모메 북스의 이름인 '카모메'는 우리말로 갈매기를 뜻한다. 바퀴가 달린 이동식 서가의 옆면에는 시크릿 북이 꽂혀 있다. 책에 대한 정보는 그때의 주제와 책 속의 한 구절뿐이다. 이제는 다른 곳에서도 볼 수 있는 형식이지만 '과연 어떤 책일까'를 상상하며 들먹들먹하는 마음만은 빛바래지 않는다. 카페 공간과 이어진 벽에는 '일하는 사람의 서가'가 있다. 야나시타 씨부터 중화요리 전문점 주인인 마쓰자카 씨와 드러머인 니시타시 씨까지. 이 '일하는 사람'은 누구나 알 법한 엄청난 유명인이 아닐 수도 있다. 다양한 분야에서 자기 일을 해 나가는 우리 주변의 이웃들이다.

작은 새의 둥지

"실제로 책방을 운영해 보니까 알겠더라고요. 이 일은 굉장히 진입장벽이 높은 분야예요. 어찌어찌 공간을 구했으면 그 공간을 채울 책이 있어야 하는데 신간 서점의 경우 도매상에게 책을 받아야 하거든요. 도매상과 거래하려면 보증금이 필요하고 대량으로 책을 들여와야 하니까 책값만으로도 초기자금 엄청 들어요.

도매상과 거래를 트는 것 자체도 쉽지 않고요."

야나시타 씨는 책을 사는 장소가 굳이 책방이 아니어도 된다고 생각했다. 하루는 로드바이크를 탄 손님이 카모메 북스에 와서 사이클 대회 '투르 드 프랑스'에 관한 책을 사 갔다. 그 손님에게 그 책은 책이라기보다는 자전거 용품 중의 하나였다. 만약 자전거 가게에서 자전거에 대한 책을 판다면? 굳이 서점까지 오는 번거로움 없이 자신의 행동반경 내에서 관심 분야의 책을 살 수 있다. 하지만 자전거 가게라는 본업이 있고 책을 파는 일은 부업이니까 도매상과의 거래는 불가능하다. 자전거 가게든 박물관이든 맨션의 로비든, 자신이 있는 공간에 작은 책방을 열고 싶은 사람들을 위해 야나시타 씨는 '고토리쓰기(ことりつぎ)'라는 이름

아홉 번째 동네 – 가구라자카

의 작은 도매상을 시작했다. 아직까지는 시험 단계지만 잔잔한 호수에 계속해서 돌멩이를 던지면 파문은 점점 커진다. 효율성을 추구하는 큰 도매상, 그리고 다양성을 추구하는 야나시타 씨와 동료들의 작은 도매상, 그들의 공존이 일상으로 자리 잡을 때 일본 출판생태계는 또 한 번 변할 것이다.

"이거 이번에 저희가 만든 첫 책이에요. 선물로 드릴게요."

야나시타 씨가 상자에서 책을 한 권 꺼내 건넸다. 책등에 카모메 북스의 로고가 선명했다.

"출판도 하시는 거예요?"

"좋은 책은 소개되어야 하니까요."

아직 가격도 책정되지 않은 카모메 북스의 첫 책 제목은 〈꼭 좋은 날이 되었으면 きっといい日になりますように〉. 내가 읽어도 좋지만 누군가에게 선물하고 싶어지는 예쁜 그림과 따뜻한 글이 담긴 작은 책이었다.

고토리쓰기의 고토리는 '작은 새'를 뜻하는 고토리(小鳥)와 발음이 같다. 야나시타 씨가 바라는 작은 새의 둥지가 도쿄를 벗어나 일본 여기저기에도 생겨나길 바라며 선물 받은 책을 꼭 끌어안았다.

걸어서 함께 찾아가기 좋은
가구라자카의
동네책방들

책방지기들의 비밀 아지트
가구라자카 편

가구라자카 모노가타리
(神楽坂モノガタリ)

어른을 위한 큐레이션이 돋보이고
테라스가 있는 서점

- ⓐ 도쿄도 신주쿠구 가구라자카
  6-43 케이스플레이스
  (東京都新宿区神楽坂6-43K'sPlace)
- ⓣ 03-3266-0517
- ⓞ 12:00 (주말, 공휴일 11:00)
  ~21:00 (주말, 공휴일 20:00)
- ⓓ 월요일
- ⓗ www.honnonihohi.jp

오메이샤 본점(欧明社本店)

도쿄에서 만나는 작은 프랑스

- ⓐ 도쿄도 지요다구 후지미 2-3-4
  (東京都千代田区富士見2-3-4)
- ⓣ 03-3262-7276
- ⓞ 10:00(일 13:00)~18:00(토 17:30, 일
  17:00)
- ⓓ 첫째 일, 공휴일
- ⓗ www.omeisha.com

라카구(la kagu)

책과 가구, 의류 등 의식주에 관한 상품,
그리고 카페가 어우러진 복합 문화 공간

- ⓐ 도쿄도 신주쿠구 야라이초
  67(東京都新宿区矢来町67)
- ⓞ 11:00~20:30
- ⓗ www.lakagu.com

기토스 카페(キイトス茶房)

카레가 유명한 카페

- ⓐ 도쿄도 신주쿠구 단스마치
  25 노고 빌딩 2층
  (東京都新宿区箪笥町25野吾ビル2F)
- ⓣ 03-5206-6657
- ⓞ 10:00~20:00
- ⓓ 첫째, 셋째 토
- ⓗ kiitosryo.blog46.fc2.com

ⓐ 주소 / ⓣ 전화 / ⓞ 영업시간
ⓓ 정기휴일 / ⓗ 홈페이지

아카사카
赤坂

아카사카 주변에는 관공서가 참 많다. 수상관저, 특허청, 각국 대사관 등 여행자에게는 그다지 재미없는 공간이 쭉 이어지다가 거대한 사각형 건물인 국회도서관이 나온다. 일본 최대의 장서를 자랑하는 도서관이 있고 백 년 역사의 대형서점이 있어서인지 아카사카엔 작은 책방이 거의 없다. 그래서일까. 불모지에 도전장을 내민 작은 책방이 더욱 사랑스럽다.

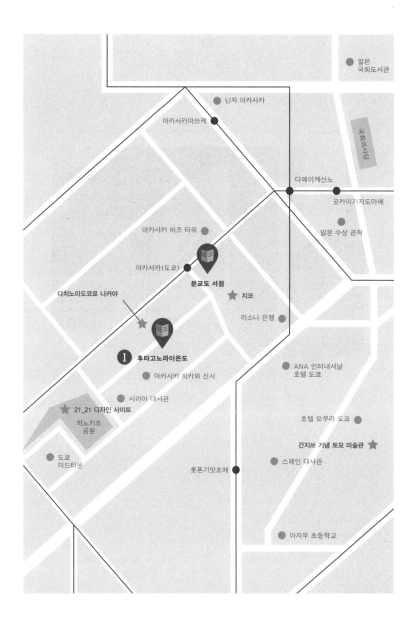

일본
국회도서관

닌자 아카사카

아카사카미쓰케

국회의사당

다메이케산노

곳카이기지도마에

일본 수상 관저

아카사카 비즈 타워

아카사카(도쿄)

분쿄도 서점

지코

다치노미도코로 나카야

리소나 은행

후타고노라이온도

아카사카 히카와 신사

ANA 인터내셔날
호텔 도쿄

시리아 대사관

21_21 디자인 사이트

히노키초
공원

호텔 오쿠라 도쿄

간지쓰 기념 토모 미술관

도쿄
미드타운

스페인 대사관

롯폰기잇초메

아자부 초등학교

백 명의 큐레이션이 모인 책방

후타고노라이온도(双子のライオン堂)

주소	도쿄도 미나토구 아카사카 6-5-21(東京都港区赤坂6-5-21)
전화번호	050-5276-8698
영업시간	15:00~21:00
정기휴일	일, 월, 화
찾아가는길	지하철 지요다 선 아카사카 역 6번 출구에서 걸어서 5분
홈페이지	liondo.jp

'이 문 도대체 어떻게 여는 거야?'

밖에서 책방 안이 전혀 보이지 않았다. 책으로 뒤덮인 창문과 입구의 '영업 중'이라는 표지판 덕분에 여기가 책방인 것은 알겠는데 도대체 어찌 들어가야 할지 모르겠다. 청록색 철문엔 손잡이가 없다. 그렇다면 이 문은 미닫이? 미닫이라기엔 옆으로 밀 공간이 없다. 세 개뿐인 계단을 종종 내려와 멀리서 문을 요리조리 뜯어 보았다. 한 발자국 떨어지니 그제야 보였다. 이 문, 책 모양을 하고 있잖아! 단단하게 내 앞을 가로막은 문이 갑자기 미지의 세계로 이어지는 통로로 느껴졌다. 문을 여는 것이 아니다. 책장을 넘기듯 옆면의 하얀 부분을 들어올렸다. 그렇게 스르륵 빨려 들어가듯 책방으로 들어갔는데.

신발을 벗고 들어가는 책방

'어라?'

또 한 번 나를 당황하게 만드는 이 책방. 신발을 벗고 들어오란다. 조금 귀찮았지만 하루 종일 발을 꽉 옥죄고 있던 운동화를 벗으니 책으로 둘러싸인 이 아늑한 공간에서 몇 시간이고 머물 수 있을 것 같았다.

책방은 아파트 작은 방 정도 되는 아담한 크기. 안쪽의 전시 공간에서 상냥한 목소리가 들려왔다.

"지금 다음 전시 준비로 조금 어수선해서 죄송해요. 신경 쓰지 말고 편히 보다 가세요!"

책 모양의 문은 '후타고노라이온도(쌍둥이 사자당)'의 주인인 다케다 신야(竹田信弥) 씨가 직접 구상했다. 아직 30대 초반의 젊은 나이지만 벌써 13년차 책방 주인인 다케다 씨에게 묻고 싶은 것이 많았건만 그의 자리는 비어 있었다.

"어때요? 저희 책방엔 좀 특이한 책이 많죠?"

날 맞아 주었던 중년 여성이 목장갑을 벗으며 다가왔다.

"전 이런 책방이 좋아요. 색깔이 확실한 작은 책방이요."

"어머! 다케다 씨하고 이야기가 잘 통할 것 같은데 하필 오늘 외부 강연이 있어서."

다음 방문을 기약하며 '주인이 책방에 있는 시간'이 적힌 메모를 받아 들고 나왔다.

백 년 후에도 책방

아카사카에 어둠이 내렸다. 역으로 발길을 재촉하는 직장인들을 뒤로하고 후타고노라이온도로 향했다. 오늘은 다케다 씨를 만나면 좋겠다고 생각하면서. 도착하고 보니 전에 왔을 때는 없던 입간판이 새로 서 있었다.

'책의 문을 열고 안으로 들어오세요!'

책방과 전시 공간 사이 좁은 계산대 앞에 앉아 있는 사람. 한눈에 다케다 씨인 걸 알아봤다. 지난번 방문 때 만난 중년 여성과 많이 닮았다. 알고 보니 그때 가게를 봐주셨던 분은 다케다 씨의 어머니였다.

다케다 씨의 이력은 조금 독특하다. 고등학생 때 만든 온라인 헌책방을 시작으로 벌써 13년째 책방을 운영하고 있다. 그는 어릴 때부터 책방 구경을 유난히 좋아했다고 한다. 다케다 씨에게 책방은 끊임없이 전시품이 바뀌는 무료 박물관이나 마찬가지였다. 책뿐만 아니라 서가 구성, 점원이 일하는 모습까지 책방마다 다 달라 한 군데에서 네다섯 시간은 가볍게 보낼 수 있었다. 대학에서 문예창작을 공부한 그는 졸업 후에는 전공과는 전혀 관계없는 회사에서 일했다. 하지만 책방은 그에게 당연히 돌아와야 하는 곳, 자신이 있어야 할 곳이었다. 3년 반 정도 회사 생활을 한 후에 과감하게 그만두고 결국 책방으로 돌아왔다. 이번에는 온라인 헌책방이 아닌 오프라인 공간으로.

"아카사카에 책방을 열면서 이 점포를 아예 샀어요. 30년 동안 월세를 내는 것보다 30년을 상환기간으로 잡고 대출을 갚는 게

낫다고 생각했거든요. 제가 은퇴하고 이곳을 이어받을 사람은 적어도 월세 걱정은 안 해도 되잖아요."

이 말에서 그가 아주 오래 제자리를 지키는 책방을 꿈꾸고 있다는 사실을 엿볼 수 있었다. 다케다 씨는 아오야마에 있는 '산요도 서점(山陽堂書店)'을 좋아한다. 1891년에 개업해 백 년 넘게 지역 사람들과 함께해 온 서점이다. 후타고노라이온도 역시 '백 년 후에도 책방'으로 남기를 목표로 삼았다. 하긴 백 년을 내다본다면 월세를 내기보다는 점포를 사는 편이 훨씬 이득이다. 초반 30년 동안은 금전 부담이 크겠지만 이것은 일종의 선언이나 마찬가지였다. 백 년 후에는 로봇이 책을 팔지언정 책방으로 남겠다는 선언 말이다.

또 한 가지 목표는 백 명의 사람에게 '백 년 후에도 종이책으로 남기고 싶은 책 백 권'을 추천 받아 만 권을 모으는 것이다. 이 프로젝트는 지금도 착실히 진행 중이다. 애초에 후타고노라이온도에는 다케다 씨가 골라서 들여온 책이 없다. 책방을 열기로 작정하고 '좋은 책이란 과연 무엇일까'를 고민할 때 몇 가지 기억이 떠올랐다고 한다. 좋아하는 교수님이 추천한 책은 전부 다 재미있게 읽었다. 친한 친구의 책장에서 그때까지 몰랐던 새로운 책을 만난 경험도 있다. 자신의 분야에서 전문가로 인정받는 독서가에게 책을 추천 받아 서가를 꾸린다면 틀림없이 좋은 서가가 완성될 것이라고 확신했다. 대학 시절 신세를 졌던 비평가 선생님에게 상담을 했다.

"선생님이 글을 쓰실 때 피가 되고 살이 됐던 책을 추천해 주세요."
그 다음부터는 다케다 씨가 좋아하는 작가나 연구자를 직접 찾아가 부탁했다. 대부분 의외로 흔쾌히 승낙해 주어서 지금 후타고노라이온도의 서가에는 스물두 명의 전문가가 추천한 책이 꽂혀 있다.

"재밌는 게 뭐냐면요. 어려운 평론을 쓰는 분의 서가에 그림책이 있기도 하고 가벼운 소설을 쓰는 분의 서가에 딱딱한 철학책이 있기도 한 거예요."
다양한 분야의 책 2천 권이 좁은 방을 가득 채웠다. 평범한 문고본 소설 옆에 재난 안전 매뉴얼이, 도라에몽에 나온 좋은 말을 모아 놓은 책 아래에 독서법에 관한 책이 놓여 있는데 일부러 장르를 무시하고 섞어 놓는다고 한다. 손님이 전혀 예상하지 못한 책과 만났으면 하는 바람에서다.

오롯이 책방 주인이길

영업 시간이 곧 끝나는데 계속해서 손님이 들어왔다. 곧 있을 전시 때문이다. 전시의 주제는 '올곧게 책을 파는 출판사들의 책'으로 도매상을 통하지 않고 책방과 직접 거래하는 작은 출판사의 책을 소개하는 자리다. 판매 가격을 자유롭게 정할 수 있는 헌책방과 달리 가격이 정해진 신간 서점이 살아남으려면 이익을 높여야 한다는 사실을 다케다 씨는 너무도 잘 알고 있다.

"신간 서점은 헌책방 때보다 두 배를 더 팔아야 똑같은 이윤을 남길 수 있어요."

책방은 중간 수수료를 챙기는 도매상을 거치지 않고 출판사와 직거래를 하면 이익률을 높일 수 있다. 출판사 입장에서는 장단점이 있다. 작은 책방을 하나하나 상대하면 도매상에서 한 번에 처리해 줄 때보다 일거리가 늘어난다. 하지만 전시나 이벤트를 하며 책을 제대로 소개해 주는 작은 책방과의 직거래는 좋은 판로가 되기도 한다. 그래서 최근 일본에는 작은 조직끼리 연대하며 출판생태계에 새로운 흐름을 만들어 내기 위해 노력하는 곳들이 늘어나고 있다.

며칠 후 전시를 보기 위해 다시 책방을 찾았다. 이런, 다케다 씨는 또 자리에 없었다. 전시를 둘러본 후 자리를 지키고 있는 인상 좋은 중년 남성에게 말을 걸었다.

"얼마 전에 책 사러 왔었는데 다케다 씨가 전시를 추천해 줘서 다시 왔어요."

중년 남성은 다케다 씨와 분위기가 쏙 닮았다. 따로 확인하지 않아도 다케다 씨의 아버지임을 알 수 있었다. 그는 반색을 하며 다케다 씨에게 꼭 말을 전해주겠다고 했다.

후타고노라이온도는 일주일에 나흘만 영업한다. 백 년 책방을 꿈꾸고 있어서일까. 서두르지 않고 착실히 자리를 지켜 나가는 분위기가 찾아오는 사람들의 마음을 편안하게 한다. 책방 문을 닫는 사흘간 다케다 씨는 아르바이트를 병행하고 있다. 보다 오래 안정적으로 책방을 유지하기 위해 확실하게 재정적인 기반을 쌓으려는 것이다. 책방 영업일에 강연 등 다른 일이 들어올 경우에는 다케다 씨의 부모님이 가게를 봐주신다. 어머니는 명랑하며 우아하게, 아버지는 온화하고 차분하게 손님을 맞이한다. 그 두 분은 온라인 헌책방을 만들 때부터 지금까지 묵묵히 믿고 지지해 주시는 훌륭한 후원자다. 온 가족이 함께 만들어가는 책방, 그래서 후타고노라이온도는 따뜻하다. 마치 친구의 방에 놀러가 책 구경을 하는 것처럼 말이다.

걸어서 함께 찾아가기 좋은

아카사카의
동네책방들

분쿄도 서점 아카사카점
(文教堂書店赤坂店)

1898년 창업한 대형서점 분쿄도 서점의 아카사카지점. 후타고노라이온도에 가기 전에 들러 백 년이 넘은 서점과 백 년을 꿈꾸는 서점의 서가가 어떻게 다른지 비교해 보는 일도 의미가 있을 듯하다.

ⓐ 도쿄도 미나토구 아카사카 2-14-27 고쿠사이신아카사카빌딩 동관 1층 (東京都港区赤坂2-14-27 国際新赤坂ビル東館1F)

ⓞ 10:00~22:00

ⓗ www.bunkyodo.co.jp

책방지기들의 비밀 아지트
아카사카 편

"저렴한 술집 한군데 알려 드릴게요.
'다치노미도코로 나카야'란 곳인데요.
벌이가 얼마 안되는 책방 주인이라도
충분히 가서 즐길 수 있어요."
후타고노라이온도의 다케다 신야

다치노미도코로 나카야
(立ち呑み処なかや)

서서 가볍게 한잔할 수 있는 이자카야

- ⓐ 도쿄도 미나토구 아카사카
  6-13-19(東京都港区赤坂6-13-19)
- ⓣ 03-5570-7445
- ⓞ 평일 16:00~28:00/ 주말, 공휴일
  15:00~23:30

간지쓰 기념 토모 미술관
(菊池寛実記念智美術館)

현대도예작품 전문 미술관

- ⓐ 도쿄도 미나토구 도라노몬 4-1-35
  니시쿠보 빌딩(東京都港区虎ノ門
  4-1-35西久保ビル)
- ⓣ 03-5733-5131
- ⓞ 11:00~18:00
- ⓓ 月(공휴일일 경우 개관, 다음날 휴관),
  연말연시
- ⓗ www.musee-tomo.or.jp

21_21 디자인 사이트
(21_21 DESIGN SIGHT)

일본디자인 문화의 중심지

- ⓐ 도쿄도 미나토구 아카사카 9-7-6 도쿄
  미드타운 정원 내(東京都港区赤坂9-7-6
  東京ミッドタウンガーデン内)
- ⓣ 03-3475-2121
- ⓞ 10:00~19:00
- ⓓ 화, 연말연시
- ⓗ www.2121designsight.jp

지코(jeeco)

낮에는 카페, 밤에는 와인바

- ⓐ 도쿄도 미나토구 아카사카
  2-15-12 페루아카사카 1층
  (東京都港区赤坂2-15-12 ペール赤坂1F)
- ⓣ 03-3586-9068
- ⓞ 9:00~26:00(금 27:00)/ 토 17:00~23:00
- ⓓ 일

ⓐ 주소 / ⓣ 전화 / ⓞ 영업시간
ⓓ 정기휴일 / ⓗ 홈페이지

시모키타자와
下北沢

시모키타자와를 방문하기 전에 요시모토 바나나의 〈안녕
시모키타자와〉를 읽어 보면 어떨까. 소설은 주인공 요시에와 엄마가
시모키타자와에서 마음의 상처를 치유하는 내용을 담고 있다.
요시모토 바나나는 시모키타자와에 살면서 글을 쓰고 있고 소설 속에
등장하는 가게들도 실제로 있는 공간들이다. 혹시 모른다. 책방에서
스쳐 지나간 사람이 바로 요시모토 바나나일지도.

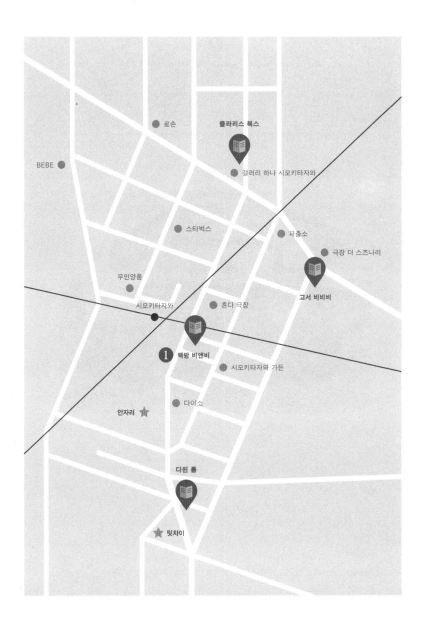

로손

클라리스 북스

BEBE

갤러리 하나 시모키타자와

스타벅스

파출소

극장 더 스즈나리

무인양품

고서 비비비

시모키타자와

혼다 극장

책방 비앤비

시모키타자와 가든

다이소

안자리

다원 룸

팃차이

책과 술과 이벤트가 있는 매일

책방 비앤비(本屋B&B)

©本屋B&B

주소	도쿄도 세타가야 구 기타자와 2-12-4 제2마쓰야 빌딩 2층 (東京都世田谷区北沢2-12-4第2マツヤビル2F)
전화번호	03-6450-8272
영업시간	12:00~23:00
찾아가는길	게이오이노카시라 선, 오다큐 선 시모키타자와 역 남쪽 출구에서 걸어서 3분
홈페이지	bookandbeer.com

"일본에 술 파는 책방이 생겼대!"

지금이야 전국 곳곳에 개성 넘치는 작은 책방이 많아졌지만 동네책방들이 픽픽 쓰러져만 가던 몇 년 전에 책방을 하고 싶다는 친구가 있었다. 일본어도 못하는데 정보는 어디서 그렇게 얻어 오는지. '책방 비앤비(이하 비앤비)'라는 곳에서는 생맥주를 판다더라, '브루클린 팔러'라는 북카페가 있는데 일주일에 한 번씩 디제이가 선곡을 한다더라 등등. 여행으로 먹고살아 보겠다고 한동안 유럽에만 다니느라 잊고 있던 일본의 책방에 다시 관심을 갖게 된 것은 순전히 그 친구 덕분이었다. 상암동에 '북바이북'이 생겼을 때 선수를 빼앗겼다며 아쉬워하던 얼굴이 아직도 눈에 선하다. 그 친구는 여전히 보통의 회사원이지만 종종 나와 책방여행을 함께하며 호시탐탐 책방 주인이 될 기회만을 노리고 있다.

친구의 부탁도 있어서 개업 당시부터 비앤비의 홈페이지와 SNS를 꾸준히 지켜봤다. 비앤비의 공동 대표인 우치누마 신타로(内沼晋太郎) 씨가 쓴 〈책의 역습〉은 일본에 출간되자마자 읽어 보았다. 책 속의 몇몇 아이디어는 기발했지만 출판강국인 일본에서나 가능할 뿐, 우리나라 출판생태계에서는 턱없는 일이라고 생각했다.

동네책방 비앤비

그런데 이상했다. 북바이북이 지점을 하나 늘렸고 다른 동네에도 작은 책방이 하나둘 생겨났다. 몇 달 동안의 긴 여행을 마치고 한국으로 돌아와 친구들과 이야기를 나누다 보면 모르는 책방투성이었다. 전국의 작은 책방들을 다룬 책이 중쇄를 찍었고 2016년에는 〈책의 역습〉 한국어 번역판이 나왔다. 2013년에 〈책의 역습〉을 일본어로 읽었을 때만 해도 상상하지 못했던 일들이 현실이 되었다. 그 사이에 책방 주인을 꿈꾸는 친구와 함께 몇 번 도쿄로 책방여행을 다녀왔다. 비앤비와 브루클린 팔러는 물론이요, 하루에 대여섯 군데씩 책방만 돌아보는 여행이었다. 작은 책방, 동네책방이 이미 단단히 뿌리를 내리고 있는 도쿄의 책방에 관심을 갖는 사람은 우리 말고도 점점 늘어났다. 저서의 한국어판 출간에 맞추어 서울을 방문한 우치누마 씨의 강연은 큰 호응을 얻었고 몇몇 책방의 SNS에는 그와 함께 찍은 사진이 올라왔다. 그가 직접 동네책방을 운영한 지 5년, 책을 쓴 지는

4년. 책 출간 이후 몇 년 동안 어떤 변화가 있었을지 궁금했는데 아쉽게도 일정이 맞지 않아 그의 강연을 듣지 못했다. 그래, 그렇다면 내가 도쿄로 가는 수밖에!

사람을 끌어들이는 비앤비의 이벤트

워낙에 숫기가 없는 편이라 한국에서도 작은 책방에 가면 후다닥 책만 사 가지고 나온다. 주인이 내 얼굴을 익혀 말을 걸까 봐 한 책방에 진득하게 가지도 않는다. 비앤비에도 다섯 번째 방문에서야 겨우 "저기요. 한국에서 왔는데요"란 말을 꺼냈다. "우치누마 씨 책 읽었어요" 혹은 "SNS에서 보고 왔어요"라는 말은 하지 못 했다. 그래도 한 번 말을 트니 내가 생각했던 것 이상으로 반갑게 맞아 주었다. 내가 말을 건네길 기다렸다는 듯 한국의 책방 사정을 질문하고 일본의 책방을 둘러본 감상을 묻기도 했다. 비앤비의 점장인 데라시마 사야카(寺島さやか) 씨는 말이 많은 편은 아니었다. 우치누마 씨와 함께 일하며 한국 책방에 대해 어느 정도 보고 들었기 때문이리라.

"2월에 '한국, 일본 책방의 사정 이것저것'이라는 토크 행사가 열렸고요. 다음 달에 코리안 북스 페어가 예정되어 있어서 지금 한창 준비 중이랍니다."

2012년 7월 문을 연 이후 비앤비에서는 평일에는 한 번씩, 주말에는 두세 번씩 이벤트를 연다. 단 하루도 쉰 적이 없다. 처음에는 강연자를 섭외하는 일조차 어려웠다. 정 안되면 우치누마 씨 혼자 떠들기도 했다. 그래도 포기하지 않고 매일매일 꾸준히 개속해 왔다. 이제 이벤트는 책 판매와 더불어 비앤비 수익의 한 부분을 담당한다. 스태프들에게는 '이벤트를 열 수 있을 만한 책'을 보는 눈이 생겼다. 강연자의 팬으로 이벤트에 참가했다가 비앤비의 팬이 되어 돌아가는 손님도 많다. 형식은 제각각이지만 항상 책에 관련된 이벤트를 열기 때문에 대부분의 청중은 책을 좋아하는 사람들이다. 책을 좋아하는 사람이라면 비앤비에 반하지 않을 재간이 없다.

책방 생존, 또 하나의 전략

비앤비에 들어서면 가구가 유독 눈에 들어온다. 책장, 의자, 테이블, 서랍장 등 비앤비에 있는 가구는 전부 북유럽에서 온 빈티지 제품이다. 무엇 하나 같은 게 없다. 이 가구들은 모두 판매용이다. 책장이 하나 팔리면 서가가 하나가 통째로 바뀐다.

"팔려도 큰일이겠는데요?"

"맞아요! 책을 다 빼서 보관했다가 새 책장이 들어오면 다시 꽂아야 해요. 그런데 빈티지라 크기도 모양도 이전 책장이랑 완전히 다르니까 어떻게 꽂아야 하나 항상 고민해요. 매번 고생스럽지만 그 덕분에 손님들은 비앤비에 올 때마다 새로움을 느낄 수 있죠."

가구 판매 역시 비앤비의 수익 중 한 부분을 차지한다. 음료와 가구를 판매하고 참가비가 있는 이벤트를 여는 것으로 비앤비는 안정적인 수익 구조를 만들었다.

작은 동네책방들 중에는 좋은 책을 골라 판매하고 싶어도 당장 수익이 나지 않으면 책방을 유지하기 힘들기 때문에 결국 어디에나 있는 잘 팔리는 책을 가져다 놓는 곳들도 있다. 하지만 비앤 비의 서가에는 거의 대부분의 책이 한 권만 있고 같은 책은 아 무리 많아도 서너 권 넘게 꽂혀 있지 않다. 초기에는 우치누마 씨가 고른 책이 서가의 90퍼센트를 차지했지만 지금은 모든 스 태프들이 서가 구성에 참여한다.

"저희는 다른 수익원이 있으니까 서가를 꾸리는 데 시간을 투자 할 여유가 있어요. 스태프들이 읽고 괜찮았다고 하는 책은 일단 들여와요. 각자 좋아하는 게 다르니까 자신이 좋아하는 분야의 서가는 누가 시키지 않아도 더 신경을 써요."

처음에는 이벤트 기획과 서가 구성 모두 우치누마 씨 한 명의 능 력에 기대고 있었다면 이제는 그렇지 않다. 비앤비의 젊은 스태

　　　　　　　　　열한 번째 동네 - 시모키타자와

프들이 똘똘 뭉쳐 꾸려 나가고 있다. 책방 비앤비는 우치누마 신타로가 없어도 살아남을 수 있는 동네책방이 됐다.

이런 책방이 더 많아졌으면

비앤비는 '북 앤 비어(Book&Beer)'의 약자다. 평일 오후여서 그랬는지 책방에 있는 세 시간 동안 맥주를 주문하는 손님은 없었다.
"혹시 술주정하는 손님은 없었나요? 아니면 술을 쏟아서 책이 상한 경우는 없었어요?"
"딱 한 번 있었어요. 애초에 술을 마시러 오는 손님보다 책을 보러 오는 손님이 더 많기 때문에 취할 때까지 마시는 손님은 없어요."
서울에도 비앤비와 비슷한 책방이 몇 군데 생겼다 말하니 데라시마 씨는 역시나 알고 있었다. 우치누마 씨는 비앤비의 비즈니스 모델을 〈책의 역습〉에서 전부 공개했다.
"처음엔 그걸 다 밝히면 비슷한 책방이 여기저기 생겨서 저희 매출이 확 떨어지지 않을까 많이 걱정했어요. 하지만 그런 일은 일어나지 않았어요."
비앤비는 '앞으로의 동네책방'이 되겠다고 했고 실제로도 지난 5년 동안 시모키타자와에서 동네책방으로 확실하게 자리매김했다. 〈책의 역습〉이 나오고 마음 졸였던 데라시마 씨도 이제는 확신을 갖고 말할 수 있다.
"작은 책방은 많이 생겼지만 어떤 동네에 있느냐가 중요하지 않을까 싶어요. 비앤비는 시모키타자와에 있는 동네책방이고 북바이북은 서울에 있는 동네책방인 거죠."

걸어서 함께 찾아가기 좋은
시모키타자와의
동네책방들

고서 비비비(古書ビビビ)

언더그라운드 문화의 온상지
시모키타자와의 공기를 듬뿍 담은 책방.
영화를 좋아하는 주인이 컬트 영화, B급
영화 자료를 많이 모아 두어 흥미롭다.

ⓐ 도쿄도 세타가야구 기타자와 쓰치야
　　빌딩 1층(東京都世田谷区北沢1-40-
　　8土屋ビル1F)
ⓗ 03-3467-0085
ⓞ 12:00~21:00
ⓓ 화
ⓗ www6.kiwi-us.com/~cutbaba

다윈 룸(Darwin Room)

과학 관련 서적과 잡화를 판매하는
실험실 콘셉트의 독특한 책방

ⓐ 도쿄도 세타가야구 다이자와5-31-
　　8(東京都世田谷区代沢5-31-8)

ⓗ 03-6805-2638
ⓞ 12:00~20:00(금, 토 22:00)
ⓗ www.darwinroom.com

클라리스 북스(CLARIS BOOKS)

진보초에서 만난 친구 셋이 의기투합해
차린 헌책방

ⓐ 도쿄도 세타가야구 기타자와3-26-2
　　2층(東京都世田谷区北沢3-26-2
　　2F)
ⓗ 03-6407-8506
ⓞ 12:00~20:00(일, 공휴일 19:00)
ⓓ 월(공휴일인 경우 영업)
ⓗ clarisbooks.com

책방지기들의 비밀 아지트
시모키타자와 편

"시모키타자와에는 좋은 서점이
너무 많아서 어디 한 곳을
콕 짚어서 추천하기가 어렵네요.
그러니 맛있는 음식점을
추천할게요!
태국 음식 전문점 '팃차이'와 카레
전문점 '안자리'에 가시면
후회 없으실 거예요."

비앤비의 데라시마 사야카

팃차이(tit-chai)

작지만 동네 사람들이 즐겨 찾는 태국 음식
전문점

ⓐ 도쿄 도 세타가야 구 다이자와 5-29-8
　아사노 빌딩 A(東京都世田谷区代沢
　5-29-8浅野ビルA)
ⓣ 03-3411-0141
ⓞ 런치: 수~일 12:00~14:30
　디너: 매일 18:00~24:00
ⓗ tit-chai.com

안자리(ANJALI)

맛과 더불어 주인의 넉넉한 인성으로 사랑받는
카레전문점

ⓐ 도쿄 도 세타가야 구 기타자와 2-15-11
　센야 빌딩 지하 1층(東京都世田谷区北沢
　2-15-11センヤビルB1F)
ⓣ 03-5787-6622
ⓞ 런치: 12:00~15:00(주말, 공휴일 16:00)
　디너: 18:00~22:00
ⓓ 수
ⓗ anjalicurryspicefoods.tumblr.com

ⓐ 주소 / ⓣ 전화 / ⓞ 영업시간
ⓓ 정기휴일 / ⓗ 홈페이지

골목 끝에서 발견한
책방의 민낯

JR中央線
東急電鉄

찾기 쉬운 번화가의 책방과 달리 전철을 한 번 더 갈아타야 하고 그마저도 모자라 굽이굽이 좁은 골목으로 들어가야 하는 책방은 찾아가기가 번거롭기 그지없다. 초행이라면 길을 헤매기 십상. 그럼에도 일부러 발길을 옮기는 이유는 그곳에서 책방의 꾸미지 않은 민낯을 마주할 수 있기 때문이다. 시끄러운 번화가에서 한 뼘 벗어나 오롯이 동네 사람들의 일상으로 존재하는 골목 끝 책방. 이곳이야말로 여행자가 일부러 찾아가고 싶은 일상 속 동네책방의 모습이다.

JR 주오 선/
도쿄덴테쓰

JR 주오 선
JR中央線

고엔지 高円寺
오기쿠보 荻窪
니시오기쿠보 西荻窪

B급 문화의 성지 나카노와 지브리 미술관이 있는 미타카 사이를 달리는 JR 주오 선. 고엔지 역에서 내려 주오선을 따라 걷기 시작하면 지칠 때쯤 작은 책방들이 불쑥불쑥 모습을 드러낸다. 동네 분위기만큼 책방 분위기도 천차만별. 저만의 개성을 지닌 고엔지의 책방, 주택가와 잘 어울리는 오기쿠보의 책방을 지나면 새롭게 뜨고 있는 책의 거리 니시오기쿠보에 닿는다. 그땐 이미 양손에 책이 한 가득이라 돌아가는 길은 전철을 택할 수밖에 없다.

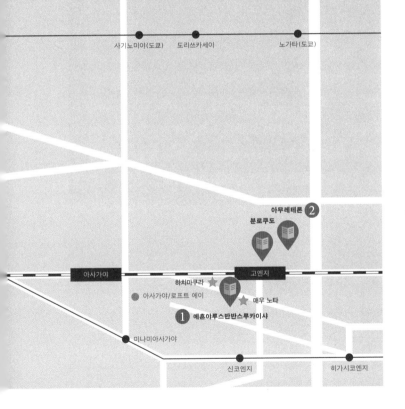

세계의 다양한 그림책이 이곳에

에혼야루스반반스루카이샤
(えほんやるすばんばんするかいしゃ)

주소	도쿄도 스기나미 구 고엔지미나미 3-44-18
	(東京都杉並区高円寺南3-44-18)
전화번호	03-5378-2204
영업시간	14:00~20:00
정기휴일	수
찾아가는길	JR주오 선, 소부 선 고엔지 역 남쪽 출구에서 걸어서 7분
홈페이지	ehonyarusuban.com

그림책을 보기 시작한 지는 정말 얼마 안됐다. 어릴 때는 그림책을 사다 주면 글만 읽고 휙 던져 버려서 어른을 당황케 하는 꼬마였다. 그림이 많은 책은 읽어도 독서했다는 기분이 들지 않아서 그랬다. 지금도 그림책을 많이 보진 않지만 대신 그림책을 사서 모으고 있다.

몇 년 전, 대학로에 있는 '책방 이음'에서 잠시 봉사를 했다. 봉사 첫날은 실내에만 있기에는 억울할 정도로 다사한 가을날이었다. 지하의 책방은 고요하기만 했다. 첫날이라 의욕은 넘치는데 예상치 못한 한가함에 안절부절못하고 있는 나에게 이음 지기님은 어린이책 서가를 정리하라는 귀한 일감을 주셨다. 뽀얗게 먼지가 앉은 책을 마른 수건으로 한 권씩 닦고 출판사별로 혹은 크기별로 정리해 다시 꽂았다. 그때 그림책의 아름다움을 처음 알았다. 손에 끼고 있던 목장갑을 벗게 만들었던 두 권의 책, 제주 4·3 사건을 그린 〈동백꽃 지다〉와 2010년 10월부터 이듬해 3월까지 나라를 발칵 뒤집어 놨던 구제역 사태를 다룬 〈돼지 이야기〉는 지금도 종종 펼쳐 보곤 한다. 짧은 기간이었지만 봉사를 하면서 원화 전시를 돕는 등 그림책과 꽤 친해졌다. 해외에 나가면 그 나라의 그림책을 사 왔고 일정 중 하루쯤은 대형서점에 가서 그림책을 보며 느긋하게 시간을 보냈다.

여행을 떠나기 전에 한국에서 꼼꼼하게 사전 조사를 하는 편이지만 아무래도 현지에서 얻는 정보를 따라가긴 힘들다. '헌책 술집 고쿠테이루(古本酒場コクテイル)'에서 알근하고 유쾌한 시간을 보내고 느지막이 숙소로 돌아가는 길에 북카페를 하나 발견했

다. 문이 닫혀 있어 입구 앞에 있는 전단지만 몇 장 들고 왔는데 거기서 특이한 이름의 그림책 헌책방 '에혼야루스반반스루카이샤(이하 에혼야)'를 만났다. 책방 이름을 굳이 해석하자면 '그림책방 빈집 보기를 지켜보는 회사'랄까. 많은 헌책방을 다녔지만 그림책 헌책방은 처음이었다. 한국으로 돌아갈 날이 얼마 안 남았기에 미리 연락도 못하고 급하게 찾아갔다.

어디까지나 고엔지다운 헌책방

고엔지는 낡고 오래된 것을 사랑하는 동네다. 야네센처럼 오래됐어도 깔끔하고 세련된 동네가 있는 반면 고엔지는 민낯을 그대로 드러내고 있다. 그렇다고 초라하거나 지저분하지 않다. 자

칫 잘못 입으면 촌스럽게 보일 원색의 트레이닝 복을 멋지게 소화한 20대 청년 같다고나 할까? 고엔지에는 젊은이들이 운영하는 가게가 많은데 어느 곳 하나 이질적이지 않고 고엔지와 어울린다. 에혼야의 아라키 겐타(荒木健太) 씨도 고엔지에 녹아든 젊은이들 중 한 명이다.

건물은 역시나 낡았다. 그림책 헌책방이라고 해서 밝고 귀여운 분위기를 생각했는데 철저히 고엔지다운 외관이다. 군데군데 칠이 벗겨진 빨간색 계단을 올라갔다. 계단 끝에 다다르니 지금까지 단 한 번도 보지 못한 그림책 세상이 펼쳐졌다. 그림책만 다루는 책방을 몇 군데 가 봤지만 이렇게 다양한 나라의 그림책을 단 한 권도 겹치지 않게 모아 놓은 곳은 처음이었다. 게다가 전부 헌책이란다. 특히 러시아와 동유럽의 그림책이 많았다. 이 책들은 어떻게 넓은 대륙을 지나 깊은 바다를 건너 여기까지 오게 된 것일까.

책에 역할을 부여하는 사람

"직접 해외에 가서 사 온 책도 있지만 대부분 손님이 가져온 책이에요. 전 그저 가격을 매겨 진열해 놓을 뿐입니다."

몇 날 며칠 프라하의 뒷골목을, 상트페테르부르크의 벼룩시장을 헤맨 끝에 운명처럼 만났다는 이야기를 기대했건만 다른 헌책방과 다를 바 없다는 대답이 돌아왔다. 손님들이 가져오는 책의 수준은 상당히 높은 편이다. 한 손님이 러시아 그림책 십수 권을 한꺼번에 가져와 작은 전시를 열었을 정도다. 일본의 그림책을 가지고 오는 손님도 품절·절판된 귀한 책을 많이 들고 온다고 한다.

"여기 있는 책이 대단해 보이는 이유는 3천 엔, 5천 엔 정도로 가격이 비싸기 때문일지도 몰라요. 입구의 몇백 엔짜리 책은 대단해 보이지 않잖아요? 하지만 전 책의 가치를 보고 가격을 매기기보다는 책에게 역할을 부여해요. 이 책은 3천 엔 만큼의 역할을 해 줬으면 좋겠고 저 책은 5백 엔 만큼의 역할을 해 줬으면 좋겠다는 식으로요."

에혼야는 2003년 문을 열었다가 2007년 2월 한 번 폐점했다. 경제 사정 때문이었다. 그 당시에 아라키 씨는 손님에게 산 가격보다 조금만 더 많이 받으면 손해는 안 보겠다는 생각으로 가격을 책정했다. 천 엔을 넘는 책이 거의 없었다. 결국 살던 집의 월세도 내지 못해 열 달 정도 가게에서 먹고 자는 생활을 하다가 이

건 아니다 싶어 가게를 접었다. 책은 전부 팔아 버리고 훌쩍 여행을 다녀왔다.

그냥 그림책이 있는 공간

2007년 7월, 원래는 창고였던 지금의 자리에서 다시 책방을 시작했다. 심기일전, 절치부심 같은 건 없었다. 2003년 처음 가게를 열었을 때의 마음 그대로였다. 그저 그림책과 관련된 일을 하고 싶다는 마음 하나였다. 첫 번째 가게를 그만둘 때 '다른 공간을 찾아 새로 시작할 생각입니다. 소식이 궁금하시면 연락처를 남겨 주세요'란 종이를 놔뒀는데 자그마치 2백여 명이 연락처를 남기고 갔다. 모두에게 연락을 돌렸고 꽤 많은 손님이 에혼야를 다시 찾아왔다.

첫 번째 에혼야를 아는 손님은 가격이 너무 올랐다며 푸념을 늘

　　　　　　　　열두 번째 동네 - JR 주오 선

어 놓기도 했다. 하지만 무조건 싸게 파는 것만이 능사가 아님을 깨달았기 때문에 흔들리지 않았다. 가격 책정 이외의 부분은 손님의 의견을 적극 받아들였다.

"저희 가게는 그림책방도, 헌책방도, 출판사도 아닌 그냥 그림책이 있는 공간일 뿐입니다."

에혼야는 2014년에 그림책을 한 권 출판했고 1층을 전시 공간으로 새 단장했다. 손님에게 헌책을 사서 되파는 단순한 장사를 뛰어넘어 '그림책과 관련 있는 일'에 조금 더 가까워졌다.

"그림책은 결국 아동문학으로 분류되는데요. 그림책 그 자체를 하나의 장르로 봐 주셨으면 좋겠어요. 그림책을 좋아하는 어른도 많잖아요."

그림책이 너무 좋은 어른

그림책에 관한 일을 하기로 마음먹고 에혼야를 내기까지는 1년이 채 안 걸렸다. 첫 번째 에혼야의 문을 닫고 두 번째 에혼야의 문을 열기까지 5개월밖에 걸리지 않았다. 그림책이 너무 좋아지기 전에 후다닥 책방을 시작했다고 한다. 너무 좋아지면 어설픈 전문가 흉내를 낼지도 모르고 그때 남들에게 비웃음을 당하는 건 싫으니까.

그런데 '에혼야루스반반스루카이샤'라는 특이한 이름은 어떻게 지었을까.

"2003년에 가게 열 때 손님이 가져온 그림책 〈루스반반스루카이샤 るすばんばんするかいしゃ〉 제목에서 따온 거예요. 빈집 보기(루스

반)를 부탁 받은 아이와 그 아이를 지켜보는(반스루) 정체불명의 회사(카이샤)의 이야기예요. 입간판의 글씨도 그림책의 서체를 따라 제가 직접 썼어요. 지금은 초심을 잃었는지 저런 글씨체가 안 나오네요."

그림책을 많이 좋아하는 한 어른의 마음과 하루가 오늘도 고엔지의 뒷골목에 차곡차곡 쌓이고 있다.

열두 번째 동네 - JR 주오 선

책방지기가 보내는 연애편지

아무레테론(Amleteron)

주소	도쿄도 스기나미 구 고엔지키타 2-18-10
	(東京都杉並区高円寺北2-18-10)
전화번호	03-5356-6639
영업시간	평일 14:00~20:00/ 주말, 공휴일 12:30~20:00
찾아가는길	JR주오선, 소부선 고엔지 역 북쪽 출구에서 걸어서 5분
홈페이지	amleteron.blogspot.kr

활짝 열린 창문으로 고운 빛이 들어왔다. 창문 앞에 서서 정갈한 표정으로 편지를 읽는 소녀에게 물었다. 그 편지는 누구에게서 온 건가요? 무슨 내용이 쓰여 있나요? 독일 드레스덴의 고전거장 미술관, 아마도 3층 가장 안쪽 전시실이었으리라. 의욕적으로 1층부터 관람을 시작한 사람들이 하나둘 떨어져 나가 3층은 고요하기만 했다. 그때 베르메르의 '열린 창가에서 편지를 읽는 소녀'와 만났다. 창문에 어렴풋이 비친 소녀의 표정이 좋았다. 다른 그림에서 소녀는 젊은 장교와 화기애애한 분위기로 대화를 나누고 있었다. 손에 들린 편지는 일 때문에 곁을 떠난 남자친구가 보낸 연애편지다. 언제 들어도 수줍은 단어, 연애편지.

"'아무레테론(Amleteron, 아멜테론)'은 연애편지를 뜻하는 에스페란토어예요. 연애편지라고 하면 보통은 남녀사이의 달콤한 속삭임을 떠올리지만 더 넓은 의미로 봐 주셨으면 좋겠어요. 책은 저자가 독자에게 보내는 연애편지, 아무레테론에서 파는 물건 하나하나는 제가 손님에게 보내는 연애편지예요. 물론 일반적인 의미의 연애편지도 좋아요."

빛이 좋은 고엔지의 뒷골목을 걷다가 우연히 발견한 한가로운 헌책방 아무레테론에서 드레스덴의 그 소녀가 떠올랐다.

고엔지의 동네책방 하나, 둘

고엔지 역 북쪽 출구로 나오면 바로 길 건너에 '분로쿠도 서점(文禄堂書店)'이 있다. 간단한 음료를 판매하고 안쪽에는 꽤 넓은 행사장이 있는, 동네책방다운 서가를 갖춘 군더더기 없는 신간 서점이다. 분로쿠도 서점을 지나 골목으로 들어가면 아기자기한 가게들이 지붕을 나란히 하고 있다. 오래되었지만 깔끔하다. 남쪽 출구 주변의 기분 좋은 어수선함과는 분위기가 사뭇 달랐다. 정말 아무 정보 없이 돌아다니다가 외관이 예쁘다는 이유만으로 아무레테론의 문을 열고 들어갔다.

"아, 여기 책방인가요?"

"네. 헌책방이에요."

대답을 하고 콧노래를 흥얼거리는 아마야 후미요(アマヤフミヨ) 씨. 어깨에서부터 내려오는 치렁치렁한 숄, 터번 모양으로 두른 반다나, 페이즐리 문양의 블라우스. 뭔가 예사롭지 않은 옷차림이었다. 매장 분위기도 마찬가지. 햇살이 부서지는 실내엔 나른한

라운지 음악이 흐르고 바닥에는 확실한 존재감을 내보이는 축음기가 있었다. 계산대 위쪽 경사를 이룬 천장에는 각종 포스터가 잔뜩. 헌책방이 아니라 마치 주인의 머릿속에 들어와 있는 듯 개성이 듬뿍 드러났다.

오랜만에 편지

책방은 일본식 다세대 주택인 나가야(長屋)의 한 칸을 차지한 좁은 공간인데도 아마야 씨는 꽤 넓은 면적에 책이 아닌 잡화를 진열했다. 아무레테론에서 파는 잡화는 '독서와 편지에 관련된 것'뿐이다. 이렇게 정교하고 아름다운 편지지 세트는 참 오랜만에 봤다. 생각해 보니 아마야 씨가 '데가미(手紙, 편지의 일본어 발음)'라고 발음하기 전까지만 해도 한참 동안 잊고 지냈던 단어였다.

"가게를 만들 때부터 잡화를 놓을 자리는 넓게 두자고 생각했어요. 책을 손에 들고 종이의 질감을 느끼듯 편지지와 봉투, 엽서를 들고 그럴 수 있기를 바랐거든요. 연애편지는 특별한 사람에게 쓰는 거잖아요. 왜 그런 경험 없으세요? 중고등학교 시절에 짝사랑하는 사람에게 편지를 쓸 때요. 편지지 고르는 데만 해도 시간이 엄청 걸리잖아요. 그때로 돌아가진 못하지만 그 설렘만은 여기서 느낄 수 있으면 좋겠어요."

책방은 주인을 꼭 닮는다. 예쁜 외관부터 감수성 넘치는 잡화들, 꿈꾸듯 몽롱하고 로맨틱한 공간 속 공기마저 달달한 기분이다. 좋아하는 여자아이에게 편지를 쓰고 싶으니까 편지지를 골라 달라는 소년, 자전거를 끌고 지나가는 길에 편지지가 보여 오랜

만에 편지 쓸 마음이 들었다는 손님. 아마야 씨의 연애편지가 손님들에게 하나둘 닿고 있다.

책방주인이 보내는 연애편지

서가에는 다양한 분야의 헌책과 독립출판물이 있다. 영화와 음악에 관한 책이 많고 그림책도 많은 편이다. 추천하고 싶은 책에는 기교 없이 정직한 손글씨로 간단한 메모를 더해 두었다. 주제도 분류도 없이 어지럽게 놓인 책들 사이로 표지가 잘 보이도록 신경 쓴 흔적이 역력한 서가가 눈에 띄었다. 이 공간 안에서 유일하게 규칙이 보이는 서가였다. 서가에는 프랑스어로 '걸어서'를 뜻하는 독립출판물 〈APIED〉와 〈CINEMA APIED〉가 모여 있었다. 선명한 색상의 표지를 넘기면 세계 여행, 소녀, 미스터리, 영화 등 흥미로운 주제로 쓰인 짧은 에세이가 여러 편 실려 있다.

"제가 좋아하는 시리즈라서 모아 놨어요. 교토에 거점을 두고 활동하는 편집자가 만들었는데 오하라에서 같은 이름의 북카페도 운영한대요. 언젠가 꼭 가 보고 싶어요."

자신이 좋아하는 책에 내가 관심을 보이자 아마야 씨는 기쁘게 말을 걸었다. 불쑥 찾아든 낯선 이에게도 스스럼없이 곁을 내어 주는 지금 모습으로는 상상할 수 없지만 어린 시절 아마야 씨는 내성적이었다고 한다. 아마야 씨의 부모님은 만화만 아니라면 아마야 씨가 원하는 책을 모두 사 주셨다. 주말마다 서점에 가서 두 손 가득 다 들지 못할 정도로 잔뜩 책을 사서 돌아오곤 했다.

"어릴 때는 엄마가 잡지 〈생활의 수첩 暮しの手帳〉을 읽어 주시는 게 참 좋았어요.”

책에 둘러싸여 자란 아마야 씨는 영상 제작 회사, IT 회사, 음악 강사 등 다양한 일을 거친 후 헌책방 주인이 되었다.

“제 이름인 후미요는 한자로 '文代'라고 써요. 부모님께서는 제가 태어나기 전부터 이미 이름을 결정해 놓으셨대요. 어쩌면 글월에 관한 일을 해야만 하는 운명이지 않았을까. 장난처럼 생각하기도 해요.”

받을 사람의 얼굴을 떠올리며 편지지를 몇 장 골랐다. 쓴 사람의 얼굴을 떠올리며 책을 골랐다.

“오늘은 편지를 쓰지 않으면 안 될 것 같은 기분이네요.”

“근처에 책 읽고 편지 쓰기 좋은 카페 몇 군데 있는데 알려 드릴까요? 오늘은 볕이 좋아서 고엔지 골목골목 산책하기 딱 좋은 날이니까요.”

JR 주오 선

독자의 취향에 따라 책을 담는 곳

책방 타이틀(本屋Title)

© Harumichi Saito

주소	도쿄도 스기나미 구 모모이 1-5-2(東京都杉並区桃井1-5-2)
전화번호	03-6884-2894
영업시간	11:00~21:00
정기휴일	수, 매월 셋째화
찾아가는길	JR 주오 선, 소부 선, 지하철 마루노우치 선 오기쿠보 역 북쪽 출구에서 걸어서 10분
홈페이지	www.title-books.com

살다 보면 삶의 방향이 갑자기 바뀌는 순간이 온다. 그때까지 어떻게 살아왔는지는 그다지 중요하지 않다. 성실하게 살아 온 사람에게도 망나니처럼 살아 온 사람에게도 자신의 삶을 고요하게 바라보는 때가 한 번쯤은 찾아오는 것 아닐까. 쓰지야마 요시오(辻山良雄) 씨는 고향에 계신 어머니를 간병하며 그때까지의 삶을 되돌아보는 시간을 가졌다. 쓰지야마 씨의 이야기를 들으면서 티는 내지 않았지만 마음 속 깊이 공감했다. 47일 동안 중환자실에 계셨던 할머니를 간병하는 동안 나에게도 많은 변화가 있었으니까. 좋아하는 일을 하면서 살겠다고 다짐했고 실천에 옮겼다. 초등학교에 입학한 후 20년 이상 계속 조직에 속해 있었다. 조직 생활을 못 견디는 사람도 있지만 난 오히려 그 소속감과 안정감을 사랑하는 편이다. 그런 내가 어느덧 프리랜서 3년차. 여전히 불안하지만 좋아하는 일을 하고 있기 때문에 조직 생활을 할 때보다 훨씬 행복하다.

쓰지야마 씨는 대학 졸업 후 18년 동안 대형서점인 '리브로(LIBRO)'에서 일했다. 쭉 앞만 보고 달려온 결과 이케부쿠로 본점의 총괄 매니저까지 되었다. 어머니의 죽음은 그때까지 살아 온 길을 돌아보는 계기가 되었다. 작은 동네책방의 주인도 나쁘지 않겠다고 생각하고 있던 찰나, 이케부쿠로 본점의 폐점이 결정됐다. 퇴사를 하지 않으면 관리직이 될 수도 있었지만 쓰지야마 씨는 계속 서점 현장에서 일하고 싶었다.

타이틀과의 첫 만남

숙소에서 제일 떨어진 '책방 타이틀'까지 가야하는 날에 하필이면 강풍을 동반한 비가 내렸다. 이불을 뒤집어쓰고 후드득후드득 떨어지는 빗소리를 들으며 약속을 취소할까 고민해 봤다. 와이파이 신호가 잡히는 곳에서 이메일을 보내면 된다. 밖으로 나가면 무용지물이 되는 한국 휴대폰밖에 없기에 약속을 취소하려면 기회는 지금뿐이었다. 하지만 당일에, 그것도 약속 두 시간을 남기고 취소하기에는 나는 너무 소심했다. 준비한 자료를 주섬주섬 챙겨 들고 오기쿠보로 향했다.

역에서 10분만 걸어가면 된다고 했는데 아무리 걸어도 책방이 나오지 않았다. 걸어가는 동안 두 번이나 우산이 뒤집어졌다. 생선가게 할아버지에게 길을 물어물어 겨우 도착했다. 타이틀은 생선가게에서 1분도 걸리지 않는 큰길가에 있었다. 한눈에 봐도 오래된 건물이었는데 파란색 간판이 비를 맞아 더욱 선명했다.

푸근한 동네책방 주인보다는 회사원이 훨씬 더 잘 어울리는 외모, 편한 반팔 티셔츠 차림이지만 쓰지야마 씨는 단정했고 딱 필요한 말 외에는 하지 않았다. 소란스럽거나 친밀함을 내세우지 않고 적당한 거리를 유지한다는 점에서 책방은 주인과 꼭 닮은 것 같았다. 숫기가 없는 나는 괜히 주눅이 들었고 정작 궁금했던 것은 묻지 못한 채 시간이 다됐다. 오전 11시, 영업 시작이었다.

타이틀은 책을 담는 그릇

말이 잘 나오지 않을 때는 글로 도망치고 싶어진다. 다행이 여기는 책방. 평소보다 훨씬 더 깊게 서가 속으로 빠져들었다.

타이틀은 개업 전부터 주목을 받았다. 리브로 이케부쿠로 본점의 매니저였던 쓰지야마 씨가 연 책방이라니, 그의 큐레이션을 보기 위해서 서점 업계 사람들이 몰려들었다. 교토를 여행하는 이들이 '게이분샤 이치조지점(惠文社 一乘寺店)'을 꼭 찾는 것처럼 타이틀은 지방에서 도쿄로 놀러온 이들이 여행코스로 포함해 찾아가는 곳이 되었다. 그래도 폭우가 쏟아지는 주말 오전이라 타이틀은 한가했다. 무거운 가방을 안쪽 카페에 놓아 두고 가벼운 몸으로 서가를 살펴보았다. 타이틀은 언뜻 보면 평범했다. 입구 쪽에 잡지가 있고 비닐 포장된 만화도 있고 참고서도 있는 그런 책방. 쓰지야마 씨가 어렸을 때는 동네에 이런 책방이 두세

개 정도 있었다고 한다. 최근 몇 년 사이에 이 정도 규모의 동네 책방은 많이 없어졌다. 새로 생기는 작은 책방은 동네책방이라기에는 개성이 너무 뚜렷했다. 쓰지야마 씨는 타이틀이 저녁 찬거리를 사러 나왔다가 들를 수 있는 책방, 선생님이 짚어준 참고서를 살 수 있는 책방이기를 원했다. 가능하면 많은 종의 책을 놓기 위해 책은 도매상에서 받기로 결정했다. 최근에 문을 여는 일본의 신간 서점들이 도매상을 통한 거래보다는 출판사와의 직거래를 선호하는 것과는 사뭇 다른 선택이다. 그렇다고 해서 도매상이 임의로 책을 선별해 보내주는 자동 배본을 무조건 받아들이지는 않는다. 18년 동안 신간 서점에서 일했던 경력이 여기서 빛을 발한다.

지금 많이 팔리는 책, 좋은 책이라고 인정받아 오랫동안 팔리고 있는 책이 서가의 60퍼센트를 차지한다. 나머지 40퍼센트는 쓰지야마 씨가 골라서 들여온 책이다. 타이틀에 오는 손님이 어떤 책을 사느냐에 따라 60퍼센트를 차지하는 서가의 구성이 계속 바뀌는 것이다.

"손님과 함께 만들어 가는 책방이 되고 싶습니다. 전 타이틀이 '그릇'이라고 생각합니다. 그릇 안에 무엇이 담길지는 손님 한 분한 분에게 달려 있죠. 우선 가장 큰 목표는 이 책방을 지속하는 것입니다."

타이틀의 서가에는 오로지 책만 있다. 기발한 홍보물도 없고 손으로 쓴 간단한 추천사도 없다. 책에 집중할 수 있는 분위기를 만들어 주면 손님은 반드시 좋은 책을 고를 수 있다고 믿기 때문이다.

잡지를 한 권 사서 책방 안쪽의 카페로 갔다. 마침 점심시간이었기 때문에 커피와 프렌치토스트를 주문했다. 원두의 고소한 향이 책방 공간까지 은은하게 퍼져 나갔다. 방문하기 전에 타이틀의 프렌치토스트가 디저트 전문점 못지않게 맛있다는 기사를 읽었는데 지금까지 먹어 봤던 것 중에 단연 최고였다. 프렌치토스트만을 먹기 위해 타이틀에 다시 오고 싶을 정도로.

여전히 굵은 비가 내리고 있지만 손님이 하나둘 들어오기 시작했다. 날씨가 좋은 날은 문을 열자마자 계속해서 손님이 들어왔을 것 같다. 단골처럼 보이는 손님과 대화를 나누는 쓰지야마 씨의 표정이 부드러웠다.

'평상복의 동네'에 어울리는 책방

조용히 손님들 틈으로 섞여 들어갔다. 작은 책방이기 때문에 서가를 전부 둘러보는 데 오래 걸리지 않았다. 두 번, 세 번 돌아보니 쓰지야마 씨가 직접 고른 40퍼센트의 책이 어떤 책인지 확실하게 알 수 있었다.

〈도쿄의 어디에서 살고 있니? 東京どこに住む?〉라는 제목의 문고본을 골라 계산대로 갖고 갔다.

"이 책 정말 괜찮은 책이에요. 일본어로 이 정도 수준의 책까지 읽으시는군요."

도쿄와 서울의 '주거 격차'에 대해 이야기를 나누다 보니 왜 오기쿠보에 책방을 냈는지 궁금해졌다.

열두 번째 동네 - JR 주오 선

"우선 이 건물을 발견했기 때문이고요. 오기쿠보가 적당히 생활의 흔적이 있는 '평상복의 동네'이기 때문이기도 합니다."

쓰지야마 씨다운 대답이었다. 요란하게 치장하거나 차려 입지 않은 평상복의 동네 오기쿠보, 타이틀은 그 동네의 70년 된 목조 건물에 자리하고 있다. 원래는 정육점이었다고 한다. 이렇게 오래된 건물에 책방이 들어오는 일은 흔하지 않기 때문에 그 자체만으로 재미있는 공간이 될 거라고 생각했다. 70년 된 건물에 들어선 동네책방. 마치 타이틀이 그때부터 지금까지 계속해서 이 자리에 있었던 것만 같은 기분이다.

그리운 나의 동네 책방

쓰지야마 씨는 인생의 절반 가까운 시간을 책을 팔면서 살아 왔다. 리브로에서 일할 때부터 지금까지 싫은데 억지로 일을 한 적은 없다. 매일 책을 만지고 진열하는 것이 그저 당연한 일과였다. 단지 생계만을 위해 일하는 경우라면 손님이 먼저 눈치챈다. 특히 타이틀 같은 작은 동네책방은 손님과의 거리가 가깝기 때문에 더욱 더 그렇다.

"리브로에 있을 때는 직급이 높았기 때문에 책이 들고 나는 걸 숫자로만 파악했어요. 하지만 여기에선 손님의 얼굴이 보여요. '아, 이 사람은 이런 책을 읽는구나.' 소통의 양과 질이 확연하게 달라졌죠. 사려 깊은 삶을 살아야 한다거나 평소의 생활을 소중히 여기자 말하는 가게가 많은데 단순히 유행을 따라 그런 말을 하는 것뿐이라면 손님이 먼저 알아채요. 동네책방은 커다란 사업이 아닌 작은 장사니까요."

탁탁, 우산의 물기를 털어내는 소리가 경쾌했다. 할아버지와 손녀가 책방으로 들어왔다. 눈을 동그랗게 뜨고 사방을 둘러보는 꼬마를 보니 할아버지의 손에 이끌려 처음 교보문고 광화문점에 갔던 내 모습이 떠올랐다.

이벤트와 문화 공간으로 자기 색깔을 뚜렷하게 드러내는 요즘 책방들과는 달리, 타이틀은 동네마다 책방이 자연스러웠던 옛시절의 책방과 좀더 가깝지 않을까. 독자가 스스로 원하는 책을 찾고, 또 채워 가며 그 공간을 완성하는, 평범한 생활 속의 공간 말이다.

여행자의 마음을 읽는 책방

여행책방 노마도(旅の本屋のまど)

주소	도쿄 도 스기나미 구 니시오기쿠보 3-12-10 쓰카사 빌딩 1층
	(東京都杉並区西荻北3-12-10司ビル1F)
전화번호	03-5310-2627
영업시간	12:00~22:00
정기휴일	수
찾아가는길	JR 주오 선 니시오기쿠보 역 북쪽 출구에서 걸어서 7분
홈페이지	www.nomad-books.co.jp

내가 처음 방문한 여행책방은 도쿄 아오야마에 있던 '북246(BOOK246)'이다. 하라주쿠와 오모테산도의 번잡함이 거짓말같이 일순간에 사라지는 절묘한 위치였다. 마지막으로 갔던 게 2010년이라 어떤 책이 있었는지까지는 기억나지 않지만 노출 콘크리트로 된 천장에 매달린 커다란 비행기 모형이 꽤나 인상적인 책방이었다. 북 246은 아쉽게도 2014년에 문을 닫았다. '여행여행책방 노마도'의 존재도 그 즈음 알게 됐다. 유목민을 뜻하는 라틴어 노마드(Nomad)의 일본어 발음이 노마도다. 조금 식상한 이름이라고 생각했다. 그런데 이상한 의무감이 생겼다. 여행을 좋아하는 사람으로서 여행책방에 한 번은 가야 할 것 같은 의무감. 열 맞춰 세워 놓은 자전거 몇십 대가 쓰러질 정도로 강한 바람이 부는 토요일. 노마도 맞은편에 있는 공원에 애니메이션 '초속 5센티미터'의 한 장면처럼 벚꽃 비가 내렸다. 빵 한 조각으로 점심을 때우는 서러운 신세에서 꽃비가 내리는 모습을 독차지한 운 좋은 여행자가 됐다. 한껏 말랑말랑해진 기분으로 노마도에 들어갔다. 작명이 식상하고 촌스럽다고? 그런 것은 이미 알 바가 아니었다. 노마도는 어렴풋이 기억나는 북 246의 두 배 정도 되는 넓이였다. 입구는 좁지만 안쪽으로 깊은 구조. 여행 잡지의 꽤 오래전 과월호까지 놓여 있는 서가에서 9년의 시간이 그대로 전해졌다.

여행을 사랑하는 사람이 선택한 일

노마도는 2007년 7월에 문을 열었다. 원래는 같은 이름의 책방

이 니시오기쿠보의 옆 동네인 기치조지에 있었고 가와타 마사카즈(川田正和) 씨는 그 책방의 점장이었다. 점장으로 일한 지 4년째 되던 해인 2007년에 주인이 폐점을 결정했다.

"슬슬 독립하려던 참이었어요. 제가 느끼기에 기치조지는 너무 번화한 동네여서 여기로 옮겨 왔죠. 내년이면 벌써 10년이네요."

가와타 씨는 어릴 때부터 여행을 좋아했다. 책, 아니 정확히 말하면 '쓰는 일'도 좋아했다. 여행 책을 만드는 출판사에 입사했다가 이런저런 사정으로 그만둔 후에는 아르바이트를 하면서 여행을 다녔다. 뉴욕에서 처음으로 여행책방과 만났다. 그 다음부터는 어딜 가든 일부러 여행책방을 찾아갔다. 수많은 여행책방 중 스페인 빌바오에 있는 여행책방이 노마도의 모델이 되었다. 처음부터 여행책방을 하려는 마음은 없었다. 방랑의 시간을 끝내고 제대로 된 일을 찾을 때 제일 먼저 고려한 직업은 여행 작가였다.

"첫 직장을 잡기 전부터 여행 작가가 되고 싶다는 마음은 있었어요. 근데 여행 작가만이 아니라 작가란 직업 자체가 자신을 속속들이 드러내야 하잖아요. 거기까지 생각이 미치니까 '아, 난 안되겠구나' 싶었어요. 고민 끝에 결론은 여행책방이었습니다."

그 당시 일본에는 여행책방이 없었기 때문에 우선은 대형서점에 들어가 8년 정도 일했다. 어느 순간부터인가 다람쥐 쳇바퀴 돌 듯 사는 자신을 발견한 가와타 씨는 때마침 점장을 모집 중이었던 노마도로 자리를 옮겼다.

'여기가 아닌 장소'를 느낄 수 있다면

기치조지의 노마도에 오는 손님은 여행을 준비하는 사람들뿐이었다. 여행안내서와 지도는 팔렸지만 여행에세이, 기행문 등은 거의 팔리지 않았다. 가와타 씨가 바랐던 여행책방의 모습과는 거리가 멀었다. 지금의 노마도는 그때의 경험을 바탕으로 만들었다. 서가를 각 대륙별, 나라별로 나눈 다음에 그 나라의 문학, 종교, 요리 등등 '여기가 아닌 장소'를 느낄 수 있는 책이라면 대부분 갖다 놓으려고 한다.

"영화를 보고 나서 '배경이 된 장소에 가 보고 싶다'고 생각하잖아요? 그렇게 생각하면 프랑스 디저트를 다룬 책을 보다가 프랑스에 가고 싶어질 수도 있는 거고 칠레가 배경인 소설을 읽다가 칠레에 가고 싶어질 수도 있는 거잖아요."

일본인이 유독 사랑하는 여행지인 파리와 하와이에 관한 책은 수십 종이 넘고 최근 주목 받기 시작한 여행지인 이란, 러시아에 관한 책도 손으로 쓴 홍보물과 함께 눈에 띄는 자리에 놓여 있다.

다양한 여행서의 필요성

2014년에 두 달 여정의 크로아티아 여행을 준비하면서 일본어로 된 책의 도움을 많이 받았다. 아마존을 대충 뒤적였을 뿐인데 크로아티아를 다룬 책이 수십 종이나 튀어나와 고르는 데 오히려 애를 먹었다. 그 당시 우리나라엔 크로아티아 여행안내서는 아예 없었고 에세이만 서너 권 있는 정도였다. 일본의 해외여행 역사가 우리나라보다 길기 때문에 당연한 결과가 아닐까 생각했지만 그렇지 않았다. 여전히 우리나라 여행 책은 '팔리는 지역'에만 치우쳐 있다. 수십 종에 달하는 파리 여행안내서, 그에 반해 베를린을 다룬 책은 단 세 종. 이 드넓은 세계에 우리가 잘 모르는 무수한 도시들은 얼마나 많을까. 책은 가만히 앉아서도 세계를 여행할 수 있게 하는 가장 멋진 매개인데 정작 우리가 고를 수 있는 것은 몇 개 되지 않는다는 점이 아쉬웠다.

여행책방 주인의 여행

여행을 좋아하는 사람이 자기 가게를 여는 순간 여행, 특히 장기 여행과는 멀어진다. 가와타 씨도 첫 3년 동안은 노마도를 궤도에 올려놓기 위해 국내 여행조차 하지 못했다고 한다. 지금은 그래도 1년에 국내 여행, 해외 여행 각각 한 번씩 할 정도의 여유가 생겼다.

"가장 좋았던 나라요? 진짜 어려운 질문이네요. 코소보요. 가기 전만 해도 내전 때문에 치안이 안 좋을 것 같다는 이미지가 강했는데 제가 지금까지 갔던 나라들 중 사람들이 제일 친절했어요."

노마도의 10주년을 앞두고 가와타 씨는 새로운 꿈을 꾸고 있다. 오래된 민가를 개조해 책방과 게스트하우스를 함께 운영하는 꿈. 한국에 비슷한 형태의 공간이 몇 개 있다고 귀띔해 주니 눈이 동그래지며 한국의 작은 책방에 대해 질문을 쏟아냈다. 몇 번의 서울 여행 경험과 몇 명의 한국 친구 덕분에 가와타 씨는 서울에 대해 잘 아는 편이었다. 마포, 홍대, 서촌 등의 지명을 꽤 또

렷하게 발음했고 어쩌면 곧 한국에 갈지도 모른다고 말했다. 그렇지만 '이대 앞'이 어딘지 가와타 씨에게 알려주는 일은 쉽지 않았다.

"홍대에서 걸어갈 수 있나요? 거기도 마포구인가요?"

"걸어가려고 마음만 먹으면 걸어갈 수 있긴 한데요. 30분 정도 걸릴 것 같아요. 지하철 타면 10분 정도 걸려요. 그리고 여기는 마포구가 아닌 서대문구……."

그때 이동하며 틈틈이 읽을 셈으로 가방 속에 넣어 갖고 다닌 〈작은 책방, 우리 책 쫌 팝니다!〉가 퍼뜩 떠올랐다. 얼른 꺼내 맨 뒷장에 붙어 있는 지도를 펼쳐 손가락으로 가리켰다.

"여기예요! 여기!"

여행지에서까지 습관적으로 휴대폰으로 눈을 돌리기 싫어 해외 유심칩이나 포켓 와이파이는 단 한 번도 이용해 본 적이 없다. 만약 내 휴대폰이 온라인에 연결되어 있었다면 당황할 일 없이 지도와 주소, 사진을 찾아 바로 보여 줄 수 있었을 것이다. 어디까지나 아날로그적으로 책방 이름과 주소의 읽는 법을 알파벳과 히라가나로 적은 쪽지를 건네고 노마도를 뒤로했다.

그 후로 한 달도 채 지나지 않아 가와타 씨가 서울을 찾을 줄이야. 심지어 내가 알려준 장소를 방문했다. 한국과 일본의 작은 책방 사이에 다리를 하나 놓은 것 같아 혼자 괜히 뿌듯했다. 다음에 도쿄에 가면 가와타 씨가 본 서울의 책방은 어떤 느낌이었는지 꼭 물어봐야지.

걸어서 함께 찾아가기 좋은
JR주오 선의
동네책방들

책방지기들의 비밀 아지트
JR 주오 선
고엔지, 오기쿠보,
니시오기쿠보 편

분로쿠도(文禄堂)

동네책방의 끝없는 진화를 엿볼 수 있는 곳

- ⓐ 도쿄도 스기나미 구 고엔지키타
  2-6-1 고엔지치토세빌딩 1층
  (東京都杉並区高円寺北2-6-1
  高円寺千歳ビル1F)
- ⓣ 03-5373-3371
- ⊚ 9:00(일, 공휴일 10:00)~25:00
- ⓗ bunrokudo.jp

타임레스(TIMELESS)

시장 끝자락에 자리한 센스 넘치는 헌책방

- ⓐ 도쿄도 스기나미 구
  니시오기키타 3-21-5
  (東京都杉並区西荻北3-21-5)
- ⓣ 03-3395-8687
- ⊚ 13:00~22:00
- ⓓ 화, 매월 둘째와 넷째 월

고엔지

메우 노타(meu nota)

비건을 위한 건강한 채식 카페

- ⓐ 도쿄도 스기나미 구 고엔지미나미
  3-45-11 2층
  (東京都杉並区高円寺南3-45-11 2F)
- ⓣ 03-5929-9422
- ⊚ 런치 12:00~14:30
  디너 17:30~21:30
- ⓓ 월, 화
- ⓗ meunota.com

하치마쿠라(ハチマクラ)

종이류 상품을 중심으로 판매하는 잡화점

- ⓐ 도쿄도 스기나미 구 고엔지미나미
  3-59-4
  (東京都杉並区高円寺南3-59-4)
- ⓣ 03-3317-7789
- ⊚ 13:00~21:00
- ⓓ 월, 화
- ⓗ hachimakura.com

ⓐ 주소 / ⓣ 전화 / ⊚ 영업시간
ⓓ 정기휴일 / ⓗ 홈페이지

"근처에 추천할 만한 가게요? 바로 옆에 있는 걸요! 카페 '모노즈키'요. 모노즈키는 별난 것을 좋아하는 사람이란 뜻이에요. 꼭 한 번 가 보세요. 저희 책방에서 책 한 권 사 들고 말이죠."
여행책방 노마도의 가와타 마사카즈

오기쿠보

빵과 카페 에다오네
(パンとcaféえだおね)

천연 효모를 사용하는 베이커리 카페

- ⓐ 도쿄도 스기나미구 오기쿠보 5-23-1
  (東京都杉並区荻窪5-23-1)
- ⓣ 03-6383-5422
- ⓞ 11:00~19:00
- ⓓ 화
- ⓗ edaone.jp

하루키야(春木屋)

60년 전통의 라멘 전문점

- ⓐ 도쿄도 스기나미구 가미오기 1-4-6
  (東京都杉並区上荻1-4-6)
- ⓣ 03-3391-4868
- ⓞ 11:00~21:00
- ⓗ www.haruki-ya.co.jp

니시오기쿠보

모노즈키(物豆奇)

좋은 원두로 내린 핸드드립 커피가 맛있는 카페

- ⓐ 도쿄도 스기나미구
  니시오기키타 3-12-10
  (東京都杉並区西荻北3-12-10)
- ⓣ 03-3395-9569
- ⓞ 11:30~21:00

무한(ムーハン)

싱가포르 요리 전문점

- ⓐ 도쿄도 스기나미구 니시오기키타
  3-21-2 도쿠타 빌딩 1층
  (東京都杉並区西荻北3-21-2
  徳田ビル1F)
- ⓣ 03-3394-9191
- ⓞ 11:00~22:00
- ⓗ www.mu-hung.net

카페 오케스트라
(CAFEオーケストラ)

카레 메뉴가 충실한 카페

- ⓐ 도쿄도 스기나미구 니시오기미나미
  2-20-5 메구미소 1층
  (東京都杉並区西荻南2-20-5恵荘1F)
- ⓣ 03-3333-3772
- ⓞ 11:30~22:00
- ⓓ 월

도큐덴테쓰
東急電鉄

가쿠게이다이가쿠 学芸大学
도리쓰다이가쿠 都立大学
고마자와다이가쿠 駒沢大学

요가

후타코타마가와

다마
미술대학

후타코타마가와
츠타야덴

가미노게

대학 근처에는 유독 서점이 많다. 대학이 사라지면
그 많은 서점도 우수수 낙엽처럼 떨어지지만
그들이 만든 문화는 쉬이 사라지지 않는다. 그래서
시부야 역 남쪽에 조르르 놓인 대학의 이름을
딴 가쿠게이다이가쿠 역, 도리쓰다이가쿠 역,
고마자와다이가쿠 역 근처에는 작지만 속이 꽉 찬
서점이 많다. 젊은이들이 많은 동네답게 그들의
열정과 활기로 가득한 책방들이 골목골목에서
여행자를 환영한다.

노스토스 북스

슈퍼마켓

세타가야

마치

쇼인진자마에

와카바야시(도쿄)

니시타이시도

산겐자야

토르스

사쿠라신마치

고마자와다이가쿠

가쿠게이다이가쿠

북 앤 손스

1 서니 보이 북스

하세가와 마치코 미술관

로미-유미

모노그램

타카반
초등학교

고미자와 올림픽공원

히몬야 공원

니코미 캇파

프리티 띵스

2 890 by 마운트 진

조나단 레스토랑

3 스노우
쇼벨링

도리쓰다이가쿠

센조쿠

미도리가오카
(도쿄)

오오카야마

도도로키
(도쿄)

오야마다이

지유가오카(도쿄)

기타센조쿠

구횬부쓰

오쿠사와

서니 보이 북스(SUNNY BOY BOOKS)

주소	도쿄도 메구로 구 다카반 2-14-15(東京都目黒区鷹番2-14-15)
영업시간	평일 13:00~22:00/ 주말, 공휴일 12:00~21:00
정기휴일	금
찾아가는길	도큐덴테쓰 도요코 선 가쿠게이다이가쿠 역에서 걸어서 5분
홈페이지	www.sunnyboybooks.jp

로마의 여름은 뜨겁다. 젤라토를 손에 들고 지나가는 사람들이 부러웠다. 아무리 줄이 길어도 판테온 앞의 젤라테리아에서 하나 사 먹을 걸. 뒤늦은 후회가 밀려왔다. 태양은 뜨거워도 워낙에 건조해서 그늘이나 실내로 들어가면 견딜 만한데 평소엔 흔히 보이던 성당 하나 없었다. 성당을 찾아 두리번거리다 작은 책방을 하나 발견했다. 7월의 로마엔 현지인보다 여행자가 더 많다. 필수 관광코스인 판테온과 나보나 광장 사이에 있다 하더라도 작은 책방은 여행자의 주의를 끌지 못한다. 하지만 책방을 좋아하는 나는 오히려 신이 나서 잽싸게 실내로 들어갔다. 피노키오의 팝업북이 보였다. 좁은 책방엔 그림책과 동화책, 로마에 관한 책이 느슨하게 놓여 있었다. 에어컨이 없는 실내에서 연신 부채질을 하며 책을 보는데 누군가 가볍게 어깨를 두드렸다.

"워터?"

눈이 동그란 서점 직원이 물을 한 잔 내밀었다. 그 자리에서 벌컥벌컥 물을 들이켜고 고맙다는 인사와 함께 바로 컵을 돌려주었다. 그날 이후로 로마에 갈 때마다 그 책방을 찾아갔다. 사진을 찍어두지도 않았고 이름을 외우지도 않았지만 내 발이 가는 길을 기억하고 있다.

"저기 우선 이것 좀 드시고 하세요."

'서니 보이 북스'의 다카하시 가즈야(高橋和也) 씨가 페트병을 내밀었다. 입구 앞에 자전거를 세우고 가게로 들어왔을 때 다카하시 씨의 손에 들렸던 편의점 봉투 속에는 자스민 차 두 병과 삼각 김밥이 들어 있었다. 그중 한 병이 내 몫이었다. 4년 전 로마에

서 그랬던 것처럼 사양하지 않고 받아들였다. 기분 탓인가, 에어컨 덕분인가. 마음에 청량한 바람이 불어왔다.

고군분투, 책방주인 되기

서니 보이 북스는 시부야에서 전철로 10분 정도 떨어진 곳에 있다. 1년간 일본에 살았던 때 자주 걸어 다닌 코스에 속해 있다. 지금은 돈을 준다고 해도 못 걸어갈 것 같은데 그때는 차비를 아껴 보겠다고 지유가오카에서 시부야까지 8킬로미터를 곧잘 걸어 다녔다. 두 동네의 딱 중간 즈음에 서니 보이 북스가 있다. 그 당시부터 있었다면 틀림없이 단골이 되었을 터였다.

내가 휴학을 하고 일본에 머물렀던 때, 다카하시 씨 역시 대학생이었다. 다카하시 씨는 어릴 때는 책을 즐겨 읽지 않았는데 대학에 들어와서 어느 순간 책에 푹 빠졌다고 한다. 강의를 빼 먹고 도서관에서 책을 읽은 일은 셀 수도 없단다. 자연스럽게 서점에서 아르바이트를 시작했고 졸업 후에도 계속 대형서점에서 일을 했다.

"졸업을 하고 여기저기 서점에 입사 지원을 했는데 전부 다 떨어졌어요. 그럼 그냥 내가 책방을 만들자고 생각했고 우선 아오야마 북 센터에 아르바이트로 들어가서 조금씩 준비했어요."

6년 동안 신간 서점에서 일한 후 2013년 6월 서니 보이 북스의 문을 열었다. 첫 한 달은 장사가 잘 됐는데 달이 넘어가고 7월 1일이 되자 단 한 권도 팔지 못했다. 그 7월은 지금까지 서니 보이 북스의 최저 매출을 기록한 달이다. 개업을 하자마자 폐업

의 카운트다운을 세야 할 것만 같았다. 그때 우연히 미시마샤(ミシマ社) 출판사를 방문해 이런 사정을 털어놓았고 미시마샤에서는 전시를 한번 해 보지 않겠냐고 제안했다.

첫 전시는 마스다 미리가 쓰고 히라사와 잇페이가 그린 〈빨리빨리라고 말하지 마세요〉의 원화 전시였다. 마스다 미리가 방문한 날은 예고에도 없던 사인회가 열리는 등 전시 기간 동안 많은 이들이 서니 보이 북스를 찾았다. 이 전시가 끝나고 나서 다카하시 씨는 알음알음 알게 된 창작자들에게 자신의 책방에서 전시를 해 보지 않겠냐고 제안했다. 3년이 지난 지금은 이미 1년간의 전시 일정이 꽉 차 있을 정도로 인기 있는 전시 공간이 되었다.

괜찮은 전시가 많이 열리는 곳은 좋은 갤러리일 뿐 좋은 책방은 아니다. 서니 보이 북스는 헌책방이다. 헌책방은 두 가지 방법으로 책을 들여온다. 손님이 가져온 헌책을 사는 것이 첫 번째 방법이고, 주인이 직접 다른 헌책방을 돌면서 골라서 들여오는 것이 두 번째 방법이다. 서니 보이 북스는 다카하시 씨가 골라서 들여온 책이 80퍼센트 정도 된다.

"당연히 여기 있는 책 전부 다 읽지는 못했어요. 읽은 책보다는 읽고 싶은 책이 더 많을 거예요. 서점에서 일하고 제 책방을 운영하다 보니 알게 됐는데 전 책을 읽는 것 보다 책을 파는 일이 더 즐거워요."

어떻게 하면 더 재밌게 책을 팔 수 있을까. 17제곱미터밖에 안 되는 작은 매장에는 그 궁리가 빼꼭 들어찼고 외부의 행사 출점도 마다하지 않는다. 서니 보이 북스에만 있는 '전달하는 주문표'도 수많은 궁리 중 하나다. 작은 헌책방에는 책을 많이 두지 못한다. 일부러 찾아왔는데 책 한 권 사지 못하고 그냥 돌아가기는 아쉽다 싶은 사람은 계산대 앞에 놓인 전달하는 주문표를 이용하면 된다. 전달하는 주문표를 이용하는 방법은 다음과 같다.

먼저 시(詩), 도형, 숫자 세 가지 주제의 주문표 중에 하나를 선택한다. 선택한 주문표의 지시에 따라 그림을 그리거나 단어나 숫자를 넣는다. 맨 위에 있는 종이가 먹지로 되어 있는데 아래에 깔린 두 장에 서로 다른 그림이 그려져 있어 각각 다른 결과가 표시된다. 그 중 마음에 드는 결과를 고르면 그에 맞는 책을 다카하시 씨가 찾아 우편으로 보내준다.

"어떤 책을 보낼지 천천히 고민해요. 한 달에서 한 달 반 정도 후에 받으실 수 있게요."

"잊어버릴 즈음에 집에 도착하겠네요? 그럼 진짜 선물 받는 기분일 것 같아요! 그런데 만약 이미 읽어 본 책이 오면 어떡하죠?"

"한 번 더 읽어도 괜찮지 않을까요? 분명 처음 읽었을 때와는 다른 무언가가 보일 거예요."

사람의 얼굴이 보이는 책과 책방

서니 보이 북스는 헌책방으로 시작했지만 직거래를 하는 출판사의 신간 도서의 비율을 조금씩 늘리고 있다. 서니 보이 북스에서 내 책을 팔고 싶으니 거래를 해 달라고 작가가 출판사에 이야

기한 경우도 있다고 한다. 그런 책은 아무래도 애정을 담아 판매할 수밖에 없다. 책이 여기에 올 때까지 어떤 일이 있었는지, 작가와는 어떤 일화가 있었는지 시시콜콜 손님에게 말해 준다. 별 관심이 없던 손님도 '이렇게까지 말하는데 한번 사 볼까?'라는 생각이 들기 마련이다.

다카하시 씨는 '살아 있는 사람이 쓴 책'을 팔고 싶다고 한다. 지금 현재를 살아가는 작가와 얼굴을 맞대고 이야기를 나누고 싶고 그 이야기를 손님에게 전하면서 책을 팔고 싶다. 대형서점의 한 지점에서 열 권도 채 팔리지 않은 책이 서니 보이 북스에서 오십 권씩 팔린다면 그건 다 다카하시 씨가 '어떻게든 이 책을 팔고 싶다'란 마음을 손님에게 잘 전하기 때문일 것이다.

어두워지면 사람 발길이 끊기는 조용한 주택가의 서니 보이 북스에는 다카하시 씨가 있다. 뜨거운 여름날이면 시원한 물 한 잔을, 서늘한 가을날이면 따뜻한 커피 한 잔을 내주는. 그리고 사계절 어느 때 가도 책과 사람 이야기를 해 주는 서니 보이가.

독립출판물의 새로운 시도
890 by 마운트 진(890 by MOUNT ZINE)

주소	도쿄도 메구로 구 야쿠모 2-5-10(東京都目黒区八雲2-5-10)
전화번호	03-5726-8290
영업시간	12:00~19:00
정기휴일	월~수
찾아가는길	도큐덴테쓰 도요코 선 도리쓰다이가쿠 역에서 걸어서 5분
홈페이지	zine.mount.co.jp

약속 시간보다 한참 일찍 도착했다. 돌바닥에 철퍼덕 앉아 하릴 없이 시간을 축내는데 길 건너 문방구에서 뽑기를 하던 꼬마가 쪼르르 달려왔다.

"여기 오늘 문 안 열어요."

"알려 줘서 고마워. 너무 더워서 그래. 조금만 앉아 있다가 갈게."

꼬마는 뿌듯한 표정을 지으며 큰길로 달려 나갔다. 휴무인 건 나도 알고 있다고, 미리 약속을 하고 왔다고 솔직하게 대답할 수도 있었지만 뭔가 알려 주고 싶어 하는 아이의 표정 때문에 사소한 거짓말을 하고 말았다.

하얀색 승합차가 입구 앞에 멈춰 섰다. "890 by 마운트 진'의 사쿠라이 후미키(櫻井史樹) 씨는 약속 시간에 정확히 맞춰 도착했다. 안내를 받아 들어간 실내에는 수십 권의 진(zine)이 조르르 줄 맞춰 서 있었다. 내용은 물론이거니와 크기, 형태, 질감 모두 제멋대로인 진을 이 정도로 깔끔하게 정리해 놓다니. 만난 지 얼마 되지 않았지만 사쿠라이 씨의 성격을 조금은 알 것 같았다.

독립출판물과의 인연

사실 사쿠라이 씨와는 초면이 아니다. 2013년 KT&G 상상마당에서 열린 독립출판물 행사 '어바웃 북스'에서 얼굴을 본 적이 있다. 강연자와 청중의 관계였다. 사쿠라이 씨가 창작세미나의 강연자로 나왔고 행사장 한 층에 'MOUNT ZINE in ABOUT BOOKS'라는 공간을 마련해 일본의 독립출판물을 전시했다. 사실 독립출판물에 관심이 있어 참석했던 것은 아니었다. 마침 일하는 곳이 홍대였고, 종이로 된 읽을거리라면 책이든 전단지든 뭐든 좋아했고, 일본에서 어학연수를 할 때부터 일본의 책방에 관심이 있었기 때문에 갔을 뿐이었다. 독립출판물이란 단어역시 그때 처음 접했다. 강연을 듣고 전시를 보면서도 '독립출판물은 개인이 만드는 예쁘고 얇은 책' 정도로만 생각했다.

그랬는데 몇 년 후 마운트 진에 와서 사쿠라이 씨와 마주앉아한국과 일본의 독립출판물과 작은 책방에 대해서 이야기를 나누고 있다니. 여전히 잘 알지는 못하지만 그 사이 독립출판물이갖는 재기발랄함과 다양함을 즐길 줄 알게 되었고 좋아하는 독립출판물 작가도 생겼다. 하지만 2013년에 사쿠라이 씨의 강연을 들었다는 말은 차마 하지 못했다. '몇 가지 우연이 겹쳐서 그냥 아무 생각 없이 가봤어요!'라고 이야기할 수는 없으니까.

진과 리틀 프레스

일본에서는 독립출판물이라는 단어를 거의 사용하지 않는다. 개인이 만들었고 일반 유통경로를 따르지 않는 인쇄표현물을 통틀어 자비출판물(自費出版物) 또는 자주출판물(自主出版物)이라고 한다. 그 표현물은 또다시 진과 리틀 프레스로 나뉘기도 한다.

"흠, 진과 리틀 프레스의 경계는 사실 좀 애매하긴 해요."

굳이 구분을 하자면 진은 표현 그 자체에, 리틀 프레스는 표현을 전하는 일에 중점을 둔다. 진의 창작자는 자신의 창작물을 사람들이 많이 읽으면 좋겠지만 읽지 않아도 만드는 것 자체에 의미를 둔다. 고양이, 커피, 여행 등 말랑말랑한 내용이 대부분이고 잡지처럼 가볍게 읽힌다. 리틀 프레스는 아무도 읽지 않고 자기만족으로 끝나면 의미가 없다. 원전 반대, 환경 보호 등 사람들에게 알리고 싶은 내용을 다루기 때문이다. 1970년대에 학생운동을 했던 이들이 만든 책방 모사쿠샤에는 리틀 프레스가 많은

열세 번째 동네 - 도큐멘테쓰

데 서가에서 나를 좀 사 달라고 아우성치는 책들의 소리가 들렸다. 반면 마운트 진의 책들은 얌전하게 앉아 누군가 읽어 주기를 기다리고 있을 뿐이다. 두 책방의 분위기는 완전히 다르지만 한 가지 같은 점이 있다. 그 어떤 표현물이라도 심사하지 않고 들여온다. 모사쿠샤에는 1970년대부터 들어온 표현물이 산더미처럼 쌓여 있지만 마운트 진에서는 6개월에 한 번씩 교체한다. 가능한 더 많은 진을 소개하기 위해서다. 교체 두 달 전쯤 홈페이지에서 신청을 받고 선착순으로 마감한다. 최근에는 한국이나 대만 등 아시아 창작자들의 신청이 많이 늘었다고 한다.

소복소복 모인 진의 매력

"한국의 진은 '완성된 한 권의 책' 같아요. 딱 떨어지는 직사각형에 두꺼운 편이고. 일본의 진은 그에 비해서 좀 더 자유로운 느낌이랄까요. 다양한 종이를 사용하고 형태도 제각각이에요."
실제로 마운트 진에 있는 몇몇 진은 우리나라에서 보지 못한 재밌는 모양이었다. 손바닥보다 작은 크기의 책 마메혼(豆本)이 있고 종이에 구멍을 서너 개 숭숭 뚫어 링으로 고정한 바인더 제본의 진, 그 옆에는 털실로 꼼꼼하게 꿰매 만든 사철 제본의 진도 있었다. 전시 중인 모든 진은 온라인에서도 판매하고 있지만 이런 질감은 오프라인 공간에서만 맛볼 수 있는 묘미다. 사쿠라이 씨가 매장을 만든 이유가 바로 여기에 있다. 내용의 다양함과 자유로움 뿐만 아니라 형태에도 구애받지 않는 진이라는 표현물을 독자가 직접 눈으로 보고 손으로 만지길 원했기 때문이다. 다

르게 말하면 창작자의 노고가 독자에게 그대로 전달되기를 바랐기 때문이다.

진으로 산맥을 만들고 싶습니다

마운트 진은 점점 활동 영역을 넓혀 가고 있다. 창작자를 응원하는 '마운트 클럽'을 만들었고 창작자를 발굴하는 '진 스쿨'에는 꾸준히 사람들이 모인다. 6개월마다 한 번씩 교체하는 서가 앞에는 나무상자로 만든 평대가 있는데 거기엔 '일본 진 프로젝트'에 참가하는 로컬 진을 진열했다. 진을 통해 지역의 매력을 알리고 지역 활성에 기여하기 위한 프로젝트다. 로컬 진은 마운트 진을 방문한 사람이라면 누구나 한 권씩 무료로 가져갈 수 있다.

사쿠라이 씨는 백 명의 사람이 있으면 백 개의 진이 탄생할 수 있다고 믿는다.

"마운트란 이름을 붙인 이유요? 산이 하나하나 모이면 산맥이 되잖아요. 진이 그렇게 하나씩 모여 거대한 산맥을 이루길 바라면서 붙였어요. 진은 누구나 만들 수 있으니 언젠가 가능하지 않을까요?"

열세 번째 동네 – 도큐덴테쓰

무라카미 하루키를 좋아한다면
스노우 쇼벨링(snow shoveling)

주소	도쿄도 세타가야구 후카사와 4-35-7 2층
	(東京都世田谷区深沢 4-35-7 2F)
전화번호	03-6325-3435
영업시간	13:00~19:00
정기휴일	화, 수
찾아가는길	도큐덴테쓰 덴엔토시 선 고마자와다이가쿠 역에서 걸어서 20분
홈페이지	snow-shoveling.jp

무엇이든, 하고 나는 말했다. 주문을 받으면 무엇이든 씁니다. 요컨대 눈 치우기와 같은 거죠, 하고.

<댄스 댄스 댄스 2>, 무라카미 하루키, 문학사상

오래전에 읽었기 때문인지, 영어로 표기되어 있기 때문인지, 무라카미 하루키의 열성팬이 아니기 때문인지. '스노우 쇼벨링'이란 가게 이름을 듣고도 별 감흥이 없었다. 하지만 무라카미 하루키의 팬이라면 이 단어를 듣고 소설 <댄스 댄스 댄스>를 떠올릴 테고 아무리 가는 길이 번거롭더라도 스노우 쇼벨링이 어떤 공간인지 궁금해 바로 달려갔을 것이다.

워낙에 교통이 불편한 곳에 위치해 있어 가야 하나 말아야 하나 고민하고 있던 찰나, 시부야 퍼블리싱 앤 북셀러즈에서 열린 이벤트에서 스노우 쇼벨링 이야기를 들었다.

"왜 있잖아요. 책이랑 전혀 관계없는 일 하다가 갑자기 책방을 열어 버린."

정답은 청중이 알려 주었다.

"맞아요. 스노우 쇼벨링! 거기 가 보셨군요? 분위기 정말 좋죠?"

이벤트에 참가한 대형서점 직원, 도매상 직원, 시부야 퍼블리싱 앤 북셀러즈의 직원들과 청중들까지 고개를 끄덕이며 맞장구를 치는 분위기였다. 이거 안 갈 수가 없잖아.

매일 눈 치우는 남자

스노우 쇼벨링의 나카무라 슈이치(中村秀一) 씨는 매일 SNS를 통해 영업 시작을 알린다.

"오늘도 오후 1시부터 눈 치우고 있습니다."

함께 올라오는 사진이 예사롭지 않다고 생각했는데 나카무라 씨는 그래픽 디자이너다. 프리랜서이기 때문에 책방과 함께 겸업하고 있다. 무라카미 하루키를 좋아해서 책방 이름은 스노우 쇼벨링으로 붙였고 책방에서 꾸준히 열리는 독서 모임은 '더 무라카미 하루키 북클럽'이 됐다. 무라카미 하루키의 소설보다는 에세이를 더 좋아하는, 특히 〈먼 북소리〉를 열 번도 넘게 읽고 그 북소리에 이끌려 이탈리아에 가서 몇 달 동안 머물다 온 나는 나카무라 씨가 여행을 좋아하는 사람이라는 점이 가장 마음에 들었다. 그렇지, 무라카미 하루키를 좋아하는 사람이라면 여행을 좋아하지 않을 리가 없지.

뭘 해도 괜찮아

시부야에서 버스를 타면 스노우 쇼벨링 바로 앞에서 내릴 수 있지만 일부러 전철을 탔다. 처음 가 보는 동네가 궁금했기 때문이다. 역에서 나와 고마자와 올림픽공원 쪽으로 향했다. 1964년 도쿄 올림픽 때 만들어진 공원이다. 여름의 직사광선이 사정없이 내리쬐는 평일 오후의 공원은 한산하기만 했다. 공원을 만나면 쭉 직진. 길가에는 개성 넘치는 작은 가게들이 점점이 흩어져 있어 전철을 타고 오길 잘했다는 생각이 들었다. 스노우 쇼벨링까지는 걸어서 20분쯤 걸렸다. 홈페이지에서 본 대로 책방 건물 1층에 있는 제과점의 빨간 간판이 눈에 띄었다. 뒤로 돌아 주차장 쪽으로 가 2층으로 올라갔다. '설마 여기 책방이 있겠어?' 싶은 곳에 아무렇지도 않게 책방이 있는 경우를 도쿄에 와서 너무 많이 봤기 때문에 이젠 익숙하지만, 문 안쪽에 이런 세계가 펼쳐져 있으리라고는 상상도 못했다.

나카무라 씨는 책보다 책방을 더 좋아한다. 그래픽 디자이너로 일하면서 틈날 때마다 여행을 떠났고 어디에 가든 반드시 책방에 들렀다. 특히 뉴욕에 있는 책방들이 그를 사로잡았다. 스노우 쇼벨링은 자신이 좋아하는 책방들의 장점만을 편집해 만들었다. 혼자 운영하는 헌책방으로는 드물게 만 권의 장서를 갖추고 있어 놀라웠다. 그러나 더 눈에 띄는 것은 공간 그 자체. 책방 같기도 하고 카페 같기도 하다는 표현은 너무 진부하다. 등을 기대면 스르르 잠이 올 것 같은 푹신한 소파가 있다. 벽에는 나카무

라 씨가 여행 중에 찍은 사진이 붙어 있다. 평대에는 전 세계에서 들여온 잡화와 나카무라 씨와 친분이 있는 창작자들의 작품을 전시했다. 매장 안에 있는 물건은 몇 개의 박제만 제외하고는 전부 다 판매하는 상품이다. 한쪽 구석에는 정수기와 원두커피 머신이 있고 '스노우 쇼벨링 사용법'이 붙어 있다. 커피와 물은 자유롭게 마실 수 있지만 안타깝게도 화장실은 없다. 사진 촬영 역시 자유, 와이파이 신호를 잡아 업무를 봐도 좋다. 나카무라 씨의 표현을 빌리자면 이 공간에서는 '뭘 해도 괜찮다(Everything is okay)'.

공간에 조금 적응하니 서가가 보였다. 역시 책방 공간의 완성은 서가에 어떤 책이 꽂혀 있느냐다. '하루키' 서가에는 무라카미 하루키가 쓴 책뿐만이 아니라 그와 그의 글에 대해서 쓴 책이 있고, '인생은 여행' 서가에는 여행서와 여행을 떠나고 싶게 만드는 책이, '책방의 책'에는 책방과 책방에서 일하는 사람을 다룬 책이 있다. '달', '낚시', '먹다' 등 장르가 아닌 주제로 서가를 나눴다.

우연한 만남이 있는 책방

혼자 서가를 살펴본 후에 나카무라 씨와 테이블을 사이에 두고 마주앉았다. 둘 다 여행을 좋아하기 때문에 서로의 여행 경험에서 시작한 이야기는 물 흐르듯이 책방여행으로 옮아갔고 다시 스노우 쇼벨링까지 넘어왔다.

"예전에 어떤 기사에서 봤는데요. 뉴욕에 사는 싱글들에게 한 설문조사 결과에서 새로운 인연을 우연히 만나고 싶은 장소 1위가 책방이었어요. 뉴욕에는 워낙에 멋진 책방이 많으니 그럴 수 있겠다 싶었죠."

스노우 쇼벨링은 2012년에 문을 연 이후 매년 크리스마스마다 작은 파티를 한다. 첫해의 파티에서 처음 만난 남녀가 다음 해에는 연인이 되어 왔고, 그 다음해에는 부부가 되어 왔는데 올해 파티에는 아기와 함께 올 예정이라고 했다. 지난 3년 동안 스노우 쇼벨링에서 만나 부부가 된 커플은 세 쌍이나 된다. 이쯤 되면 홈페이지에 쓰인 '자칭 우연한 만남이 있는 책방입니다'라는 문장에서 자칭을 빼도 좋지 않을까 싶을 정도다.

처음에는 이런 책방에 우연히 찾아오는 사람이 있을까 싶었는데 고마자와 올림픽공원에 놀러 왔다가 방문하는 손님이 꽤 된다고 한다.

"공원을 걷다 보면 머릿속이 정리되지 않나요? 그러다보면 책이 읽고 싶어지고. 이 동네에 살고 있어서 고마자와 올림픽공원에는 자주 가는 편이었는데 그렇게 산책하다가 책이 읽고 싶어도 근처에 책방이 없는 거예요. 그래서 제가 만들어 버렸죠."

동네 사람들은 산책을 하다가 잠시 쉴 겸 들러 나카무라 씨와 이야기를 나누고 물 한 잔 마시고 돌아가기도 했다.

기척도 없이 시간이 흐른다

산책하다 잠시 들른 사람들 외에 스노우 쇼벨링에 오는 사람은 대부분 오랜 시간 머물다 간다. 나 역시 약속 시간보다 두 시간이나 일찍 도착했는데 딱 맞춰 왔다면 어쩔 뻔 했나 싶었다. 나카무라 씨와 대화를 하고 책을 고르고 커피를 마시고 와이파이 신호를 잡아 업무를 보다 보니 네 시간이 훌쩍 지나갔다. 그 네 시간 동안 두 명의 손님이 스노우 쇼벨링을 찾았다. 한 사람은 스노우 쇼벨링에서 열린 이벤트를 계기로 음반을 낸 가수. 나카무라 씨에게 감사 인사와 함께 케이크를 전달하고 언젠가 다시 이벤트를 기획하자는 말을 남기고 돌아갔다. 다른 한 사람은 스노우 쇼벨링이라는 책방 이름을 듣고 바로 〈댄스 댄스 댄스〉를 떠올린 무라카미 하루키의 팬이었다. 폐점이 가까워졌지만 나카무라 씨와 그 손님은 더 무라카미 하루키 북클럽에 대해 이야기하느라 시간은 신경 쓰지 않았다.

밖으로 나오니 해가 뉘엿뉘엿 넘어갔고 뜨거웠던 오후와 달리 꽤 많은 사람이 공원에서 산책을 즐기고 있었다. 역으로 가던 발길을 돌려 공원의 벤치에 앉았다. 가로등에 불이 들어왔지만 아직은 주변이 밝아서 불빛 아래로 벌레가 모여들지 않았다. 요란한 매미 울음소리가 잦아들 때까지만 책을 읽어야겠다고 생각하며 스노우 쇼벨링에서 사 온 책을 펼쳤다.

걸어서 함께 찾아가기 좋은
도큐멘테쓰의
동네책방들

노스토스 북스(nostos books)

오래된 상점가, 젊은 책방지기가
운영하는 헌책방

ⓐ 도쿄도 세타가야구 세타가야 4-2-12
　(東京都世田谷区世田谷4-2-12)
ⓣ 03-5799-7982
ⓞ 12:00~20:00
ⓓ 수
ⓗ nostos.jp

북 앤 손스(BOOK AND SONS)

타이포그래피 전문 아트북 서점

ⓐ 도쿄도 메구로구 다카반 2-13-3
　갸토루다카반(東京都目黒区鷹番
　2-13-3キャトル鷹番)
ⓣ 03-6451-0845
ⓞ 12:00~19:00
ⓓ 부정기 휴무
ⓗ bookandsons.com

후타코타마가와 츠타야 가덴
(二子玉川 蔦屋家電)

가전제품과 책의 만남, 츠타야 서점의
새로운 도전

ⓐ 도쿄도 세타가야구 다마카와 1-14-1
　후타코타마가와라이즈S.C. 테라스마켓
　(東京都世田谷区玉川1-14-1
　二子玉川ライズS.C.テラスマーケット)
ⓣ 03-5491-8550
ⓞ 9:30~22:30
ⓗ real.tsite.jp/futakotamagawa/

책방지기들의 비밀 아지트
도큐덴테쓰 편

"이 동네에선 다른 무엇보다 고마자와
올림픽공원이 좋지요. 그리고
호불호가 갈릴 수 있지만 '니코미
캇파'라는 음식점을 추천해요.
메뉴는 국물이 자작한 소고기
조림뿐이에요. 같은 자리에서 벌써
3대째 이어오고 있는 가게예요."

스노우 쇼벨링의 나카무라 슈이치

가쿠게이다이가쿠

메종 로미-유니
(Masion romi-unie)
구운 과자와 잼이 유명한 빵집
ⓐ 도쿄도 메구로구 다카반 3-7-17
　 (東京都目黒区鷹番3-7-17)
ⓣ 03-6666-5131
ⓞ 11:00~20:00
ⓗ www.romi-unie.jp

모노그램(monogram)
카메라 관련 용품을 판매하는 잡화점
ⓐ 도쿄도 메구로구 다카반 2-19-13
　 (東京都目黒区鷹番2-19-13)
ⓣ 03-3760-5852
ⓞ 12:00~20:00
ⓓ 수
ⓗ monogram.co.jp

토르스(torse)
커피와 식사 모두 만족스러운 카페
ⓐ 도쿄도 세타가야구 게바 5-35-5 2층
　 (東京都世田谷区下馬5-35-5 2F)
ⓣ 03-6453-2418
ⓞ 12:00~24:00
ⓗ torse.jp

고마자와

니코미 캇파(にこみかっぱ)
메뉴는 오로지 소고기 조림 하나뿐
ⓐ 도쿄도 세타가야구 후카사와 5-24-8
　 (東京都世田谷区駒沢5-24-8)
ⓞ 17:00~24:30
ⓓ 목, 셋째수
ⓗ www.nikomi-kappa.com

프리티 띵스(PRETTY THINGS)
고양이가 있는 카페
ⓐ 도쿄도 세타가야구 고마자와 5-19-10
　 (東京都世田谷区駒沢5-19-10)
ⓞ 11:00~23:00
ⓗ prettythingscoffee.tumblr.com

고마자와올림픽공원
올림픽을 대비하여 조성된 공원으로,
동네주민들의 훌륭한 쉼터
ⓐ 도쿄도 세타가야구 고마자와 공원 1-1
　 (東京都世田谷区駒沢公園1-1)

ⓐ 주소 / ⓣ 전화 / ⓞ 영업시간
ⓓ 정기휴일 / ⓗ 홈페이지

책방 속 사람을
만나러 가는 길

서울 토박이셨던 할머니는 복원된 청계천에 가고 싶어 하셨다. 특히 헌책방 거리의 안위를 궁금해 하셨다.

"거기서 네 할아버지가 이광수 〈무정〉을 사 줬는데……."

월간지와 홈쇼핑 카탈로그가 무심히 꽂힌 책꽂이를 아련한 표정으로 바라보며 추억을 회상하곤 하셨다. 하지만 할머니는 이광수의 〈무정〉도 심훈의 〈상록수〉도 이사할 때 모두 내버리셨다. 이삿짐을 조금이라도 줄이기 위해, 손녀의 책을 한 권이라도 더 꽂기 위해. 철없는 손녀는 할머니를 모시고 청계천에 가지 않았다. 먹고사는 일이 바빠서, 아니 실은 할머니가 계속 그 자리에서 기다려주실 것만 같아서였다. 손녀가 어른이 된 만큼 할머니는 생의 끝에 가까워지고 있다는 사실을 몰라서였다.

손녀는 할머니에게 많은 것을 받았다. 한글을 읽지 못하는 어린 시절 책을 읽어주셨다. 전국에서 제일 큰 서점에 수시로 데려가 주셨고 가계가 아무리 어려워도 손녀가 원하는 책은 꼭 사 주셨다. 손녀가 책을 읽을 땐 간식을 준비하시거나 옆에서 같이 책을 읽으셨다.

그렇게 책은 내 가장 친한 친구가, 책방은 가장 흥미진진한 놀이터이자 할머니와 나를 이어주는 추억의 공간이 되었다. 옛날 살던 동네의 지금은 사라진 원당문고, 중학교 앞 반쪽으로 줄어든 화수문고, 학급 단체 문제집을 산다는 핑계로 땡땡이치러 갔던 고등학교 앞 화정문고, 처음으로 혼자 가 본 대형서점이었던 종로서적과 할아버지가 자주 데려다주셨던 광화문의 교보문고까지. 어느 하나 추억이 서려 있지 않은 곳이 없다.

사실 책방 탐사를 시작했을 당시에만 해도 책방은 내게 오롯이 '공간'이었다. 도쿄의 추억 속 책방이 더 사라지기 전에 그곳을 찾아 기록하고, 또 새로이 생긴 젊은 책공간을 찾으러 가는 여정이었다. 하지만 여행이 이어질수록 공간만이 아니라 책방에서 만난 사람, 그리고 그들과 나눈 대화가 가슴 속에 깊이 남았다. 남들에게 괴짜 취급을 당해도 좋고, 쉬는 날엔 아르바이트를 해도 좋으니 어떻게든 책방을 유지하기 위해 고군분투하는 사람들, '어떻게 하면 좋은 책을 독자에게 전할 수 있을까'를 고민하며 독자와 책이 가까워질 수 있는 이벤트를 기획하는 사람들이 작은 책방에도, 대형서점에도 있었다. 그들은 낯선 손님이 방문해도 금세 마음을 열어 주었고 그래서 책방으로 향하는 길은 항상 즐거웠다. 온라인 서점, 대형서점, 작은 책방 등 이제 책을 사는 데 있어 서점의 규모나 형태는 중요하지 않다. 책과 사람을 사랑하는 이가 있는 서점, 추억과 경험을 선사하는 서점, 나는 그곳에서 책을 사고 그들을 만나러 갈 것이다.

이 책을 읽고 도쿄 책방 탐사를 떠날 분들과 언젠가 책방에서 만날 수 있길 바란다. 시부야 골목의 어느 책방에서, 오기쿠보 역 앞 책방을 찾아가는 길에 '어머! 어머!' 호들갑 떨며 말을 거는 사람과 만나도 놀라지 마시길. 뒤를 돌아보면 책이 맺어준 인연을 이어가고 싶은 책방 탐사자가 서 있을 것이다. ✹

도서출판 남해의봄날 로컬북스 12
이웃한 도시라도 자세히 들여다보면 서로 다른 자연과 문화, 아름다움을 품고 있습니다.
독특한 개성을 간직한 크고 작은 도시의 매력, 그리고 지역에 애정을 갖고 뿌리내려 살아가는
사람들의 이야기를 남해의봄날이 하나씩 찾아내어 함께 나누겠습니다.

도쿄를 만나는 가장 멋진 방법: 책방 탐사

초판 1쇄 펴낸날 2017년 5월 25일

지은이	양미석
편집인	천혜란책임편집, 장혜원, 박소희
디자인	로컬앤드thelocaland.com
종이와 인쇄	미래상상
펴낸이	정은영편집인
펴낸곳	남해의봄날
	경상남도 통영시 봉수1길 12, 1층
	전화 055-646-0512 팩스 055-646-0513
	이메일 books@namhaebomnal.com
	페이스북 /namhaebomnal 트위터 @namhaebomnal
	블로그 blog.naver.com/namhaebomnal

ISBN 979-11-85823-15-7 03910
ⓒ2017 남해의봄날 Printed in Korea